Domestic MBA Examination

飯野 一
著

国内MBA受験の

面 接 対 策

大学院のタイプ別FAQ

中央経済社

プロローグ

国内 MBA を目指す皆さんへ

「ロックミュージシャンのような先生になりたい！」
そんな夢を求めて，国内 MBA 予備校である
ウインドミル・エデュケイションズ株式会社を設立したのが，2003年。

時は流れて，現在，2021年
「ロックミュージシャンのような先生になった！」
夢は叶った！

　国内 MBA 予備校としてウインドミル・エデュケイションズ株式会社が走り出すきっかけになったのが，2003年に中央経済社から『国内 MBA 研究計画書の書き方—大学院別対策と合格実例集—』を出版したことである。同書は国内 MBA に特化した業界初の受験参考書であった。そのため，版を重ねるヒット作となった。同書のヒットによって，業界での筆者の知名度が増し，ウインドミル・エデュケイションズ株式会社は成長した。

「人生とは，自分の信念を貫くための時間である。」
そして，
「その信念を通して，社会に大きな貢献をする時間である」
そんな想いを国内 MBA 受験生に届けたくて，本書を書いた。

　筆者は昔から「破壊」が好きだった。既成概念を壊したいという想いで起業家として生きている。サラリーマンでは「破壊」はできないからだ。すべての物事は，破壊から始まっていると思う。破壊があるから創造がある。従来型の

I

ビジネスモデルが破壊され，新たなビジネスモデルが生まれる。破壊と創造の繰り返しである。これはファッションでも美容でもビジネスでもロックミュージックでも，どんな世界でも同じだと思う。

　そんな姿勢のためか，本書は，今まで誰も公開しなかった情報満載である。

国内 MBA 受験指導18年の経験から得た情報を集約した
「国内 MBA 受験業界初の面接対策本である」

　面接対策の本として，面接官の本音がギッシリ詰まった内容になっている。「ここまで公開していいの？」と思う点まで書いている。読者の皆さんにとっては，必ずや満足いただける内容になっていると確信している。

　本書を手に取った皆さんが，自分に合った国内 MBA 大学院を見つけ，その大学院に合格すること，そして，そこで学んで，修了後に社会で活躍することを願っている。

目　　次

第 **7** 章 国内 MBA の面接で聞かれる 「55の質問」と回答のポイント 85

第8章　大学院別の面接対策法　　131

第9章　実際の面接実況中継と解説　　149

第 1 章　国内 MBA が注目される理由

1　日本で起きているパラダイムシフト

　国内 MBA が現在人気となっている。一部の人気校の入試倍率は 4 倍を超え，入試を突破することがかなりの高いハードルになっている状況である。その人気の背景にあるものは，日本社会で起きているパラダイムシフトである。パラダイムシフトとは，ある時期，ある集団の中で，常識として認識されている考え方が劇的に変化することである。現在の日本では，このパラダイムシフトが起きている。

　以下では，現在の日本で起きているパラダイムシフトについて詳しく説明することにする。パラダイムシフトが起きている原因は，「少子高齢化，人口減少による市場の縮小」，そして，「ニーズの多様化による少品種大量生産から多品種少量生産への変化」があげられる。

1－1　少子高齢化，人口減少による市場の縮小

　まず，「少子高齢化，人口減少による市場の縮小」について説明する。国土交通省の国土審議会によると，日本の人口は2004年をピーク（1億2,784万人）に減少に転じ，2050年には9,515万人に減少すると予想されている。また，高齢化率も2004年の19.6%から，2050年には40.6%に増加すると予想されている。日本国内の人口が減少し，さらには高齢化が進行するということは，購買力が低下し日本で売れる商品の数が減ることを意味している。日本で販売されている多くの商品の市場規模が縮小するということである。市場が縮小しているということは，今までと同じことを企業がしていたとすると，売上は低下し

ていく。これは考えてみれば当たり前のことである。企業が売り出す商品を
買ってくれる人が減少するわけだから売上は低下する。売上が低下すると，企
業が利益を出すためには，コスト削減に取り組む必要があり，リストラがおこ
なわれたり，給与が下がったりなどのことが日本のビジネスマンには普通に起
こるのである。現在は，多くの企業が過去の経営のやり方を変えなければ売上
減，利益減という現実に直面してしまう。それを回避するために，商品の高付
加価値化による売上増，終身雇用をやめてリストラをおこなうことによるコス
ト削減など，企業はこれまでのやり方の改革に着手している。以下のグラフは，
財務省が発表する法人企業統計をもとにした日本企業の売上高の推移である。
1990年のバブル期まで上昇し，それ以降一旦低下するが，再度上昇基調に乗り，
その後低迷している状況である。バブル期以降ほとんど伸びていないのである。
これを見ると，企業経営に関して抜本的な改革に着手する必要性が理解できる
であろう。そして抜本的な改革を実践するための学びの場が国内 MBA である
ために，国内 MBA のニーズが高まっているのである。

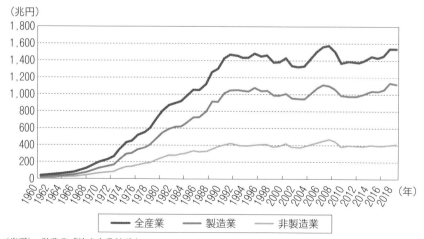

日本企業の売上高の推移

（出所）　財務省「法人企業統計」

1-2　ニーズの多様化による少品種大量生産から多品種少量生産への変化

　次に，「ニーズの多様化による少品種大量生産から多品種少量生産への変化」について説明する。日本では1990年代のバブル期まで経済成長が続いた。特に1960年代以降の高度経済成長期に日本企業が飛躍的に成長した時期のマーケティングのあり方は，少品種大量生産であった。この時期は，多くの商品が「プロダクトライフサイクルの成長期」にあった。プロダクトライフサイクルの成長期というのは，商品を発売すると売上がどんどん伸びる（成長する）時期のことである。例えば，筆者が子供の頃は自宅にエアコンはなかった。エアコンが多くの家庭に普及していなければ，企業がエアコンを売り出せばどんどん売れていく。このように商品がまだ家庭に普及していない時期であれば，みんなが欲しがるので，とりあえず企業が売り出したものが売れていく。そのために，企業は1つの製品を売り出せば，その1つの製品が自然に売れていくのである。自然に売れるので，わざわざ多くの品種を揃える必要もなく，1つの製品を大量に生産することで企業は売上を上げて利益を上げることができたのである。

　しかし，現在は時代が違う。エアコンや洗濯機を持っていないという家庭はほとんどない。ほぼすべての家庭にエアコンや洗濯機などは普及してしまっている。この状況を「プロダクトライフサイクルの成熟期」と呼んでいる。成熟期になると，製品は普及してしまっているので，消費者のニーズは多様化してくる。例えばエアコンは，単に涼しくなるだけでは消費者に選んでもらえない。節電，商品デザイン，取付けの容易さなど，さまざまな視点から消費者は購入する製品を評価し決定する。そのために，エアコンや洗濯機などの売り場に行くと，さまざまな種類の製品が並んでいる状況である。今の時代は，1つの種類の製品だけを生産していては，消費者のニーズを満たせなくなったのである。そのために，多くの種類を必要なだけ生産するという多品種少量生産が企業の経営上重要な課題になってくるのである。

以上のように，企業は，「ニーズの多様化による少品種大量生産から多品種少量生産への変化」というパラダイムシフトに直面し，今までの企業経営のあり方を抜本的に変えていく必要が出てきた。にもかかわらず，その変化に的確に対応できている企業は少ない。そのために，そのパラダイムシフトに対応するための企業経営について学びたいという人が増え，国内 MBA の人気が高まっているのである。

2　従来型の日本的経営

　ここでは従来型の日本的経営について説明するが，その目的は従来型の日本的経営を続けていては経営環境の変化に対応できずに日本企業は衰退しかねないということを理解していただくことである。本書を読んでいる皆さんは，国内 MBA を目指している方であり，わざわざ学ぼうとしている志の高い方である。そんな志の高い皆さんには，このままの日本企業のマネジメントを継続していては危険であるということをぜひ認識していただきたいと思い，あえて日本企業のマネジメントに批判的な意見を述べようと思う。なお，日本的経営とはいっても，ここでは日本企業にとって特に改革が必要とされている組織・人材マネジメントを中心に筆者の見解を述べたいと思う。

2-1　日本企業が採用する職能主義とは？

　日本の組織・人材マネジメントの基本的な考え方は，職能主義である。一方，米国に代表される個人主義文化の国の組織で採用されている組織・人材マネジメントの基本的な考え方は，職務主義である。ここでは日本の職能主義，米国の職務主義，それぞれについて説明する。

　米国型の職務主義とは，まずは職務（Job）を定義して，定義された職務に対して，人を配属させ，報酬水準を決めるという仕組みである。「人」よりも「職務」を先に検討する考え方である。職務主義のもとで人事制度を考える場合，まずは自社内にどのような職務があるのかを洗い出す。例えば，製造本部

長の職務，製造部長の職務，製造課長の職務，営業部長の職務，営業課長の職務，営業スタッフの職務といった形で洗い出しをする。そして，定義した各職務に関して，職務記述書（Job Description）を作成する。職務記述書では，求められる成果，責任，能力，守るべき事項などが詳細に記述される。職務記述書が定義されたら，その職務の労働市場価値がどのくらいあるのかを査定し，報酬額が決定される。職務記述書と報酬水準が決まったら，それに合う人材を探し，採用する。採用された人材は，職務記述書に基づいて目標設定をして，業務に取り組む。職務記述書よりも高い実績をあげれば評価され報酬が上がる，職務記述書よりも低い成果で終わった場合には，報酬が上がらず，下がるまたは，解雇の対象になっていくという仕組みになっている。この職務主義は近年日本でも話題になっている「同一労働同一賃金」を実現する仕組みであり，日本でも注目されている。

　次に，日本で一般的な「職能主義」とは何かを説明する。職能主義は，「職務」よりも「人」を先に検討するという考え方である。職能とは，その人が仕事をする上で保有し発揮している「能力」のことである。「勤続年数が長くなるほど，それだけ能力も高まる」という前提によって成り立っている考え方である。年功序列的で，社内で人を育てていく日本企業では，この職能主義が機能しやすいといわれている。

2-2　日米における人材マネジメントの違いの背景

　日本と米国においては，どうしてこのような違いが生じたのだろうか？　その根本的な原因を以下で探っていこうと思う。米国においては，上記の説明のとおり，最小業務分担単位は「個人」である。個人の職務が決められ，その達成度合いに応じて報酬が決められるというシステムである。それに対して，日本においては，公式の最小業務分担単位が個人ではなく，一定の組織単位になっているのである。この公式の最小業務分担単位は，伝統的に「課」であるのが普通である。例えば，人事課，総務課など皆さんも日々耳にしている「課」のことである。組織単位である「課」の内部の業務分担は，長（課長）

が代表となって，組織構成員の経験と能力（これらの総称が「年功」）を勘案しておこなわれる。経験豊かな高能力者には困難で負担の大きな仕事が，未経験の低能力者には軽易で負担の小さな仕事が与えられる。このことは，仕事分担における不均衡を生じるが，あたかも大小さまざまな石が巧妙に組み合わされて強固な石垣を形成するように，「和」を基調とした人間関係による相互補完という運営の妙を通じて，組織としては弾力的で有機的なシステムとなっているのである。

　このように日本の「課」を中心に運営される職能主義は，協調性のような集団帰属性の高い人間を歓迎する採用，年功序列を尊重する賃金や処遇，職場内教育訓練（OJT）を重視する教育訓練などと結びついて，日本型経営の大きな特徴となっているのである。

2‐3　日本型の人材マネジメントの弊害

　しかし，日本の職能主義は，現在のようなパラダイムシフトが起きている日本においては大きな弊害を生んでいる。1つ目の弊害は，「創造性の欠如」である。市場が縮小し成熟している日本において大切なのは，アップルのiPhone のような斬新な新製品やグーグルの新たな広告手法のような新サービスである。このような新製品や新サービスを生み出すためには，創造性が必要になる。創造的なアイデアや発想は，自由な環境から生まれることが創造性の研究によって明らかになっている。しかし，先に説明した職能主義では，「何を言ったかではなく，誰が言ったか」が重視される。すなわち，目上の人には反論できず，仮に創造的なアイデアがあったとしても，上司に気に入られない可能性があるものは，発言しないようになってしまう。市場に受け入れられる可能性のある画期的なアイデアも，上司に気に入られないというだけで，自分の内部にとどまることになってしまい，出てくるアイデアは，市場に受け入れられる可能性のある画期的なアイデアではなく，上司に気に入られるアイデアのみとなってくる。市場の顧客を考えたアイデアではなく，自己保身のための上司に気に入られるアイデアのみが社内で出てきてしまうのである。このよう

な風土の組織では，これからの時代に生き残れるはずはない。

　2つ目の弊害は，「指示待ち体質ができてしまう」ことである。上司に気に入られなくなると，組織内での昇進が見込めなくなってしまう現状があるため，上司に気に入られるために，すべて上司の指示どおりに動こうとする人が多くなる。指示を待って動くことが日常的になってしまっている人材に，新たな発想を生み出す気概はなく，ひたすら指示を待つ人材が育ってしまうのである。

2-4　終身雇用の終焉

　このような弊害があったとしても，終身雇用で企業が生涯にわたって雇用を保証してくれるならば，嫌々ながらも我慢することもできる。しかし，経団連の中西宏明会長（当時）が2019年に，「企業は従業員を一生雇い続ける保証書を持っているわけではない」と発言したとおり，終身雇用を前提とした採用は難しい，あるいは雇用を守るために事業継続をすることはできないという意味で，「終身雇用は守れない」ということである。終身雇用で生涯にわたって雇用を守れないにもかかわらず，自分の言いたいことも言えずに従業員に我慢を強いることは無理があるといえる。このことを示す事例が民間企業にも公務員にも見られる。厚生労働省が2020年10月30日に公表した調査によると，2017年に卒業した新規学卒就職者（大卒・高卒）の就職後3年以内の離職率の平均は大卒で32.8％，高卒で39.5％であった。国家公務員においても7人に1人が退職をし，そもそも国家公務員志願者が減るという公務員離れも深刻化しているのである。2021年の2月に国家公務員に関して，「霞ヶ関崩壊」のニュースがマスコミ各社で報道されたのは衝撃であった。

　日本のサラリーマンは組織特殊的な人的資産に投資をしてきたといわれている。組織特殊的な人的資産とは，その会社だけで通用する資産のことである。その会社の社風を理解した空気を読んだ発言，その会社にいるから活きる人脈，その会社でしか通用しないスキルなどである。この組織特殊的な人的資産に投資をすることは会社が終身雇用を保証してくれるならば問題はない。しかし，繰り返しであるが，会社は生涯の雇用は保証してくれないのである。今，組織

特殊的な人的資産に投資をしたとしても，その投資分を回収できるかどうか疑問である。ならば，その会社でしか通用しないスキルに投資するのではなく，どこに行っても通用する汎用的な人的資産である国内 MBA に投資をすることの妥当性が高まっているのである。そのことに気づいている人は，みんな国内MBA に進学をしているのである。

事業所規模別　大卒・高卒者の就職後 3 年以内離職率

事業所規模	大　卒	高　卒
1,000人以上	26.5%	27.4%
500～999人	29.9%	32.5%
100～499人	33.3%	38.1%
30～99人	40.1%	46.5%
5 ～29人	51.1%	55.6%
5 人未満	56.1%	63.0%

（出所）　厚生労働省「新規学卒就職者の離職状況（平成29年 3 月卒業者の状況）」をもとに筆者作成

3　日本企業の改革への道

3-1　成果が求められない日本の組織

　公式の最小業務分担単位が個人ではなく，一定の組織単位（課）になっている日本の組織運営のあり方は，課という部門が中心という意味で部門主義組織と呼ばれている。この部門主義組織の弊害として，「創造性の欠如」や「指示待ち体質ができてしまう」という点は先に説明した。このような弊害がありながらも，多くの日本企業は部門主義組織をやめようとしない。筆者が早稲田大学ビジネススクールを修了したのが2003年であるが，当時も日本企業の問題点として，部門主義組織の弊害である「創造性の欠如」や「指示待ち体質ができてしまう」は指摘されていた。すでに18年が経過した現在（2021年）において

も，この問題はまったく変わることなく存在している。日本企業の「変わらない力」は異常である。なぜこんなにも頑なに変わろうとしないのか。なぜ，問題点がそのまま放置され続けているのか。

　筆者なりに考えてみると，1つの解答が見えてきた。それは日本のサラリーマンは先に説明した職能主義の中で成果が問われないからである。問われないといっても，まったく問われないわけではなく，米国型の職務を基準とした成果型のウエイトが低く，年功給や職務遂行能力を基準とする評価のウエイトが高くなっている。以下のグラフは日本人の年齢別・性別の賃金である。男性優位で中高年優位の尻上がりの賃金カーブになっているのが理解できる。日本企業も年功給や職務遂行能力を基準とする評価から，職務を基準とした成果型に移行しつつあるといわれているが，いまだに年功的な要素や職能主義が色濃く残っているのである。そのため，日本の管理職は，自分の言いなりに動くイエスマンだけを課内に配置して，意見する人間は排除して，自分が居心地の良い環境を作ろうとするのである。欧米企業並みに成果を厳しく問われて，成果によって報酬が上下するならば，仮に意見や反論をしてくる部下がいたとしても，

日本企業の年齢別・性別賃金

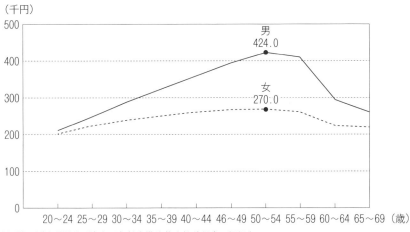

（出所）　厚生労働省「令和元年賃金構造基本統計調査の概況」

成果を出してくれるなら，それらの人材の価値は認めざるを得ない。しかし，年功給や職務遂行能力を基準とする評価のウエイトが高いために，自分がやりやすい環境を作り同質化した人材ばかりで課内を構成しようとするのである。

　また，日本でも，成果が欧米企業並みに求められる企業も稀に存在する。ただその場合は，部下に極端に成果を強要して，ブラック企業化しているケースが多い。こういったブラック企業も，自分の言いなりに動くイエスマンだけを課内に配置して，意見する人間は排除して，自分が成果を出しやすい環境を作ろうとするのである。

3-2　日本企業がリーダー人材を探すには？　①—社内公募制

　では，この状況を変えていくためには，何が必要なのだろうか。まず必要なのは成果を求めることである。そして，その成果を達成するためのリーダーシップを発揮する人材を抜擢することである。

　とはいっても，成果を達成するためのリーダーシップを発揮するような人材が社内にいるのかというと簡単には見つからない。というのは，上を見て仕事をしたり，上の指示を待って仕事をしたりすることに慣れた人にいきなり成果を求めても無理がある。成果を出すということは，自分でアイデアを出して，周りを巻き込みながらプランニングし，率先してリスクを取って行動することが求められる。成果を出すために必要な能力は，飼いならされたサラリーマンに求められる「従順さ」や「和を優先する姿勢」ではなく，大草原を自由に飛び回るライオンのような「野性味」なのである。この野性を備えた人材はなかなか企業内には見つけることは難しい。

　そういってあきらめてしまうこともできないので，「野性味」のある人材を探す筆者なりの2つの方法を紹介したいと思う。1つは，社内公募制によるコーポレートベンチャーの立ち上げである。社内公募制とは，コーポレートベンチャーを立ち上げたい人たちにアイデアを募り，社内で選考した上でその中から選ばれた人がコーポレートベンチャーを立ち上げる制度である。社内公募制なので，自分から手をあげた人にその事業を任せるため，自分の意思で選ん

だものという意識は仕事へのやりがいにつながり，モチベーションアップにつながる。ここでのモチベーションアップは，上司に気に入られたいとか，出世したいとかといった政治的な思惑ではなく，自分の内面からこみ上げてくるやる気である。自分の純粋な内発的な動機付けによるものである。そのため，通常のサラリーマン的なモチベーションとはまったく違った「純粋さ」と「野性味」を備えているのである。

では，大企業内部に，このようなリスクを取ってでも自分で事業を立ち上げたいと考える「野性味」のある人がいるかという疑問がある。この点に関して，筆者が長年，国内 MBA の受験指導をしてきた中で感じることは，大企業の中でも，このような人材は若手に少数であるが存在するということである。若手が入社 3 年以内に大企業を辞めてしまうのは，尊敬できない上司に従うことへの抵抗感や，自分の将来を考えたときに，「上司のようなつまらない人間になりたくない」という企業人としての失望感がある。このような「野性味」のある人材は早く辞めてしまうので，辞める前段階で，「現状が嫌なら，起業の道が選べるよ」ということで社内公募制でのコーポレートベンチャーを提案するのである。きっと乗ってくるはずである。

3-3　日本企業がリーダー人材を探すには？　②—社外からの調達

もう 1 つの方法は，神戸大学 MBA の三品和広教授が提唱している案であるが，社外から人材を調達することである（三品，2013）。社内公募制で社内から人材を集めることができなければ，もうしょうがないので社外から招き入れるしか道はない。リスクを取ってでも成果を出そうと考える人は，世俗の価値観に左右されることなく，自分の信念の赴くままに生きている人が多い。企業の外でフリーな状況で活動している起業家やフリーランス的な人が該当する。このような人が大企業に就職するかというと疑問があるが，起業家として一度成功を収めて自身の承認欲求が満たされてしまっているような人であれば，働く環境次第では大企業への就職を考える人もいるかもしれない。実際，筆者も

起業家として自分が満足する結果はすでに残せたので，仮に大企業の新規事業の担当者として誘いがあれば考えてもいいと思っている。ただ，その場合は，先にも指摘したとおり，働く環境の整備が重要になる。それは通常の中途採用とは別に，独立採算の別会社の経営者としてストックオプションなどの成果型の報酬を用意した上で採用するのである。これならばフリーな状況で活動している起業家やフリーランス的な人も考えてもいいという人は出てくるはずである。企業側としては，いきなり外部から経営者を雇うリスクもあるが，ガバナンスの仕組みをしっかり構築しておけば問題はない。そこまでのリスクをおかしてでも，既存の事業の変革に取り組む姿勢が日本企業には求められているのである。

3-4　リーダー人材を既存社員から隔離する

　社内公募制にしても社外人材にしても，野性味のある人材を探すことに成功した企業は，これら人材の活躍の場を提供し，事業を成功させるために，これら新規事業担当の人材を既存事業の正社員とは隔離する必要がある。既存の正社員と同じように扱ってしまうということは，協調性のような集団帰属性の高い人間を歓迎する採用，年功序列を尊重する賃金や処遇，職場内教育訓練（OJT）を重視する教育訓練など従来型の経営スタイルを押し付けてしまうことになる。創造性を発揮し，リスクを取って成果を出すためには，このような従来型の日本の組織マネジメントは最悪である。これらを押し付けられた瞬間に辞めてしまう。決してこれら慣習を押し付けることのないように，既存組織の正社員とは隔離する必要がある。

　以上述べてきたような形で新規事業を成功させていき，1つが成功したら，また次の事業を興すという形で，新たな事業を次から次へと興していくような経営スタイルを大企業が取り入れていく形が理想である。これによって，新規事業がどんどん大きくなり，将来大きく育っていくことによって，既存の大企業が仮に衰退したとしても問題のない状況を作り出せばいいのである。そして，

従来型の日本的な価値観（上司に気に入られることによって出世して生涯の雇用が保証される）に縛られた大企業から，新たな価値観（リスクを取って挑戦することこそが価値あることだ）を持った新たな企業へとバトンタッチされていくことによって，日本の企業は改革が実現するのである。

　この変革にはある程度の時間が必要になるかもしれない。戦後の経済成長期に形成された日本的な経営の慣習を変革するには，ある程度の時間は必要になることは覚悟しなければならない。

　新たな価値観（リスクを取って挑戦することこそが価値あることだ）を持った新たな企業が成長軌道に乗ってきたときは，本当の意味で新たな日本的な企業の創造に成功したことになる。この新たな日本企業を創造して成功させるのは，読者の皆さんである。国内 MBA を修了した人たちが，新たな価値観を持った日本企業を創造し発展させるのである。この重責を読者の皆さんが果たすことを筆者は期待している。

3-5　これから必要とされる新たなリーダーシップ・スタイル

　前項で述べたような形で企業が次々と新規事業を生み出すようになった場合，新組織のリーダーシップのあり方として必要となる形を紹介したい。新規事業の立ち上げにしろ，独立採算の新法人の立ち上げにしろ，どちらの場合にしても，スタート時の組織規模は大きくない。プロジェクトチームのような形態である。このような小規模な組織の場合，各分野の専門的な知識やスキルを持った人材で構成される。例えば，IT を使ったオペレーションに詳しい人，IT を使ったマーケティングに詳しい人，会計やファイナンスに詳しい人，広告宣伝に詳しい人，製品開発に詳しい人といった形で，各分野の専門家が集まった組織となる。このような専門家が集まった組織の場合，1 人のリーダーが組織を束ねる形のリーダーシップではなく，仕事内容に応じてリーダーが変わる形が理想となる。例えば，IT を使ったオペレーションに関する仕事はＡさんがリーダーを務め，IT を使ったマーケティングに関する仕事はＢさんがリーダーを務め，広告に関する仕事はＣさんがリーダーを務める，といった形で，仕事や

プロジェクトの内容に応じてリーダーが変わるようなリーダーシップ・スタイルである。このリーダーシップはシェアード・リーダーシップと呼ばれている。早稲田大学ビジネススクール教授の入山章栄氏の著書『世界標準の経営理論』からシェアード・リーダーシップについて紹介する。

　シェアード・リーダーシップは，我々に大胆な発想の転換を求める。従来のリーダーシップ理論は，いずれも「グループの特定の1人がリーダーシップを執る」という前提だった。一方，シェアード・リーダーシップは，「グループの複数の人間，時には全員がリーダーシップを執る」と考える。「リーダー→フォロワー」という「垂直的な関係」ではなく，それぞれのメンバーがときにリーダーのように振る舞って，他のメンバーに影響を与え合うという「水平関係」のリーダーシップである（入山，2019）。

シェアード・リーダーシップ

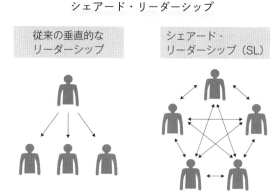

（出所）　入山章栄（2019）『世界標準の経営理論』ダイヤモンド社

　このシェアード・リーダーシップが有効な理由を，入山（2019）では，以下のように説明している。グループのリーダーシップ関係が，従来のような垂直的なものであれば，リーダーはグループを「自分のもの」と思えても，フォロワーはそのようなアイデンティティは持ちにくい。一方で，もしグループにシェアード・リーダーシップがあるなら，そのメンバー全員がリーダーとして役割・当事者意識を持てる。すなわち，メンバー全員が「これは自分のグルー

プである」というアイデンティティを持ちやすくなるのだ。このような理由か
らシェアード・リーダーシップの有効性は高いのである。

　これから国内MBAに進学する方は，先に説明した新規事業の立ち上げにし
ろ，独立採算の新法人にしろ，自らがリーダーになろうという方である。そん
な皆さんには，ここで説明したシェアード・リーダーシップを発揮していただ
きたいと思っている。皆さんの行動が日本の未来を変える力を持っているので
ある。

4　国内MBAが注目されるその他の理由

4-1　少子高齢化による労働人口の不足

　本章の最初に，「少子高齢化，人口減少による市場の縮小」について説明し
たが，少子高齢化の影響は市場の縮小だけではない。労働人口の減少という企
業にとっての労働者不足も生み出す。日本の高齢化の進展によって，人口の減
少が極端に進む状況は，次ページの表をご覧いただければ理解できるはずであ
る。このように高齢化による人口減少が進む日本で必要となるのが，従来型の
男性中心社会からの脱却である。男性だけが出世や昇進し，男性が会社を支え
るという価値観を変える必要が出てくる。また，日本人だけの同質化した集団
こそが価値があるという固定観念も変えていく必要が出てくる。

　男性中心から脱却して女性が活躍できる社会を作る，日本人だけでなく外国
人が活躍できる社会を作る必要が出てくるのである。これを実現するためには，
年功序列に基づく賃金制度の改革が求められる。すなわち，同一労働同一賃金
の考え方である。同じ仕事をしていても，男性と女性で賃金が異なるのは論理
的におかしい。その不平等を解消する必要がある。同一労働同一賃金が実現す
ると，男性だから，正社員だから，という理由で年功による安定的な給与をも
らうことはできなくなる。待遇差について合理的に説明ができないものがある

極端に大きい日本の人口減少

国名	人口（千人）		
	2016年	2060年	増減率（%）
アメリカ	322,180	403,504	25.2
中国	1,403,500	1,276,757	-9.0
日本	127,749	86,737	-32.1
ドイツ	81,915	71,391	-12.8
イギリス	65,789	77,255	17.4
フランス	64,721	72,061	11.3
インド	1,324,171	1,745,182	31.8
イタリア	59,430	54,387	-8.5
ブラジル	207,653	236,014	13.7
カナダ	36,290	45,534	25.5
韓国	50,792	47,926	-5.6
ロシア	143,965	124,604	-13.4
オーストラリア	24,126	35,780	48.3
スペイン	46,348	43,114	-7.0
メキシコ	127,540	166,111	30.2
世界	7,466,964	10,165,231	36.1
G7	758,074	810,869	7.0
日本を除くG7	630,325	724,132	14.9

（出所）　デービッド・アトキンソン（2019）『日本人の勝算―人口減少時代の最強経営―』東洋経済新報社

　場合には，賃金制度の見直し，社内規程の改訂，評価基準の見直しなどがおこなわれることになるのである。労働者は，自己の能力を高め，仕事に貢献し続けていかないと，それに見合った満足のできる賃金を得ることは難しくなってくるのである。そこで能力を高める機会として，幅広いビジネスに役立つ学びとして国内 MBA が注目されているというわけである。

　司法書士や社会保険労務士などの国家資格よりも，国内 MBA を選ぶ人が多

い理由は，国内MBAで学ぶ知識やスキルはすべてのビジネスマンに役立つものであるからである。例えば，教育ビジネスをおこなう場合に，司法書士や社会保険労務士などの国家資格を取得したとしても，これら法律知識を必要とする方は限られているために，それほど教育ビジネスの規模は大きくならない。しかし，国内MBAで学ぶ経営学の知識は，すべてのビジネスマンが必要とするものである。教育ビジネスを始めると考えた場合に，すべてのビジネスマンがターゲットになりうる。大きなビジネスになる公算が大きいのである。この汎用性の高さゆえに国内MBAを目指す方が増えているのである。

4-2　平均寿命の延びによる「人生100年」時代の到来

　厚生労働省によると，2019年の日本人の平均寿命は女性が87.45歳，男性が81.41歳となり，ともに過去最高を更新したということである。女性は5年連続で世界2位，男性は3年連続で世界3位だった（1位はどちらも香港）。平均寿命は年々延びており，読者の皆さんが年を取る頃には100歳となってもおかしくない状況である。

　今後，人生100年時代に入った場合に，老後の資金はどうするのだろうか。現在は年金が65歳から支給される（老齢厚生年金は段階的に65歳に引き上げ中）。今後は年金支給開始年齢が引き上げられていく可能性が高い。2018月4月11日に，財務省が老齢厚生年金の支給開始を現在の65歳から，68歳に引き上げする案を，財務大臣の諮問機関である財政制度等審議会の財政制度分科会に提示したといわれている。

　年金支給開始年齢が上がっていくとなると，それまでの間は自分で稼がなければならない。また，年金受給開始年齢に達したとしても，生活するのに十分な年金をもらえるかわからない。そうなると，やはり自分で稼ぐ必要が出てくる。

　そこで必要となるのが，学び直しである。60歳定年時代，それも経済成長期のように経営環境が安定していた時代においては，20代前半までの学生時代に学んだ知識だけで十分生き抜くことができた。しかし，現在のような変化の激

しい時代を生き抜くには，20代前半までの学びだけでは不十分である。30代以降になってから，新たな学びによるインプットが必要となる。その学びの機会として，先に説明したがすべてのビジネスマンに必要となる知識やスキルを学ぶことができる国内 MBA が大きく注目されているのである。

4-3　終身雇用が終焉を迎え，副業や転職が当たり前の時代に

1990年までの経済成長が続いた昭和の時代は，一生一社に勤めあげる時代で終身雇用が当たり前だった。平成に入ると，転職も出てくるが，その理由は，「会社が倒産した」「出世が見込めない」「上司と合わない」という形でやむを得ずに転職するというケースが多かった。副業は認められていなかった。平成後期から令和にかけては，2019年の経団連の中西宏明会長（当時）が言った「終身雇用は守れない」が表しているとおり，一生一社体制は崩壊し，転職が当たり前，副業も OK という時代に突入したのである。その背景には，企業の倒産件数，M&A の件数が大きく増加し，起業件数を上回る状況が続いていることがあげられる。倒産や M&A 件数が起業件数を上回るということは，一生一社が成り立たないことを意味しているのである。このような状況下では，いつでも転職できるように，いつでも副業を開始できるように準備をしておく必要が出てくる。先に「終身雇用の終焉」部分で説明したような組織特殊的な人的資産だけに投資をしていては，転職も副業もできない。その会社にいるからこそ通用するスキルや知識は，転職や副業が当たり前の時代には役に立たない。ここで役に立つのは，会社を出ても役立ち評価されるスキルであり知識である。これを汎用的な人的資産というが，まさに国内 MBA はこの汎用的な人的資産を得るための機会である。そのため現在の日本では国内 MBA が人気があるのである。

5　これからは MBA が当たり前の時代になる

5 - 1　いつ進学するか？　「今でしょ」

　国内 MBA の受験指導をしていると，「いつ MBA に進学するのが最適ですか？」という質問をよく受ける。これに対して，実務経験が 3 年以上の方には，東進ハイスクールの林修先生ではないが，「今でしょ」と回答している。というのは，国内 MBA で学ぶことは，すべてのビジネスマンにとって必須の知識だからである。組織で仕事をしていると多くの組織は職能型組織になっているため，自分の担当する職種の知識が身につくだけである。例えば，技術職であれば技術的な知識，営業職であれば取引先とのコミュニケーション能力であったりと，身につく知識やスキルは限定される。

　国内 MBA では，競争戦略，マーケティング，組織論，組織行動論，消費者行動論，会計学，ファイナンス，情報技術，オペレーションなど企業経営に必要な分野の学習をする。これら多岐にわたる分野の知識があれば仕事の仕方が変わってくる。例えば，技術職であったとしても，消費者行動をマーケティングした上で製品開発をしようとするし，営業職でも企業の会計上の利益が出るような営業をするために無駄な値引きをやめようとするかもしれない。このように今までしてきた仕事のやり方が，国内 MBA で学ぶことによって変わってくるのである。そのために，多くのビジネスマンは気づいたそのときに国内 MBA に進学すべきだと筆者は考えている。

　ただ，実務経験が 3 年未満の方は，先の「日本型の人材マネジメントの弊害」部分で説明したような日本企業の問題点を身をもって経験できているわけではないので，3 年は我慢してみることを勧めている。とはいっても，もうどうしても早く進学してスキルを身につけて早く今の会社を辞めたいと考えている人は実務経験年数にかかわらずに進学するといいと思う。

　大学生に関しては，いきなり成果型の外資系やベンチャー企業への就職を希

望している方や起業を考えている方は，実務経験なしに国内MBAに進学することもいいことだと思う。変な日本企業の価値観は知らないほうがいい。筆者が指導して実務経験なしに国内MBAに進学した大学生の多くが，外資系のコンサルティング・ファームや投資銀行に就職している。

　ということで，「いつ進学すべきか？」⇒「今でしょ」が筆者の回答である。

5-2　経験資産こそ人生の財産

　国内MBAでの学びを活かすと仕事の仕方が変わるという点は説明したが，この国内MBAでの学びを活かして働く経験こそ多くの人にとっては重要な資産になる。国内MBAに進学せずに，職場内のOJTだけで学んでいるビジネスマンは，先に説明したとおり組織特殊的な人的資産に投資をしている状況である。よって，そこでの経験は今いる会社では有効かもしれないが，転職や副業の際に通用するかというとそうでない場合が多い。ということは，人生100年時代のスキルを磨くという視点からはマイナスになる。

　ところが国内MBAでの学びを活かして働いている経験というのは，汎用的な資産であるために，組織を出ても通用する資産なのである。この国内MBAでの学びを活かした経験資産をできるだけ多く積むためには，一刻も早く国内MBAに進学すべきということになる。国内MBAで学んでいない人と学んでいる人では，経験資産に大きな差が出てくるのである。この差が5年，10年と積み重なってくると，大きな資産の差が生まれることになる。この差は，過去の蓄積に基づいているので，簡単にくつがえすことができない。そのため，一生の財産になる経験資産だといえる。そんな経験資産を築くために，ぜひ皆さんには早く国内MBAに進学していただきたい。

第 **2** 章　国内 MBA に関する誤った認識

　本章では，国内 MBA の受験生の多くが誤った認識をしている点を紹介する。その上で，実際に正しい認識をしていただくための情報を提供する。国内 MBA は一部のハイエンドのビジネスマンだけのものではない。幅広いビジネスマンや OL の方々に役立つ学びを提供する場なのである。

国内 MBA に関する誤った認識

1　ビジネスエリートのみが進学するという誤った認識

　MBA というとビジネスエリートのみが進学するという認識を持っている方が非常に多い。そう考える根拠は，筆者が受験指導する際に多くの受講希望者から，「私のような零細企業の一社員でも国内 MBA に合格できますか？」とか「50 歳を超えていますが合格できますか？」とか「現在は派遣社員として働いていますが合格できますか？」といった質問をされるからである。これらの質問に関してはすべて，「大丈夫，合格できます」と回答している。国内 MBA は一流大学卒で大企業に勤務するエリートのみが進学する場ではない。

国内 MBA には，大企業に勤務するエリート社員は多数いるが，中小零細企業，ベンチャー企業の社長や社員の方，派遣社員の方，50代・60代といった中高年の方，百貨店で衣料品の販売をしている方，製造業の交代制の現場で働いている方などさまざまな方が在学している。さまざまな方に学びの機会を提供しているのが国内 MBA である。

　ただ，第3章で詳しく説明するが，大学院によっては大企業に勤務するエリートを優先的に合格させる場合もある。こういった大学院は，一部の有名大学の国内 MBA であって，一部の MBA 以外の多くの国内 MBA が中小零細企業，ベンチャー企業の方も，派遣社員の方も，50代・60代の方も合格できている。有名大学の MBA である早稲田大学ビジネススクールでは，筆者のような零細企業の社長でも受け入れているため，「有名大学の国内 MBA ＝大企業に勤務するエリート」という図式は必ずしも成り立つわけではない。この点に関しては，第3章をお読みいただいた上で，ご自身が志望する大学院のオープンキャンパスに参加して，在校生に学生の属性について質問するといいと思う。そこで，大企業に勤務するエリートのみが進学する国内 MBA なのか，中小零細企業，ベンチャー企業の方も，派遣社員の方も，50代・60代の方も，百貨店で衣料品の販売をしている方も，製造業の交代制の現場で働いている方も受け入れている国内 MBA なのかを確認していただいた上で，志望校を決定していただきたい。筆者の受験指導経験から判断すると，大企業のエリート社員でなくても合格している方は数多くいるので，自分の可能性を信じて国内 MBA を受験していただきたい。

2　MBA を取得すれば将来のキャリアが保証されるという誤った認識

　受講相談をしていてよく質問されることの1つに，国内 MBA 修了後のキャリアに関することがある。「国内 MBA を取得すれば，外資系のコンサルティング・ファームに就職できますか？」「投資銀行やベンチャー・キャピタルに

就職できますか？」という質問をされることが多い。実際，多くの方が，国内MBAを修了した後のキャリアとして，コンサルティング・ファーム，投資銀行，ベンチャー・キャピタル，大企業の経営企画部門，ベンチャー企業の経営幹部候補を想定している。筆者が数多くの国内MBA修了者を見てきていえるのは，国内MBAを修了したとしても，上記のようなキャリアを歩む人はあまりいないということである。日本においては，MBAを取得したとしても，それだけではキャリアチェンジやキャリアアップは難しいといえる。ただ例外として，大学生が新卒で国内MBAに進学した場合，もしくは実務経験3年未満で進学し，修了時の年齢が20代半ばの場合など年齢がかなり若い方は，外資系コンサルティング・ファーム，投資銀行，ベンチャー・キャピタルなどに就職できている方もかなりの数いる。実際，筆者が指導して新卒で国内MBAに進学した方の中には，外資系コンサルティング・ファームや投資銀行に就職した方がいる。新卒や社会人でも第二新卒に該当するような若い方は，いわゆるMBA的な理想のキャリアを歩むことができる可能性は十分にある。

　では，社会人経験が長い方は，なぜ国内MBAを修了しても，それほど評価されないのだろうか。それは第1章で説明した日本的な人材マネジメントのあり方を考えると理解できる。職能主義による部門主義組織として運用されている日本の組織では，成果を出すことよりも，上司に気に入られること，和を優先することが求められる。仮に成果を出すための建設的な意見であっても，上司の意見に逆らうことは許されない。このような環境下では国内MBAで学んだ知識が役に立つはずない。なので，日本企業では国内MBAで学ぶことが評価されないのである。この点で，外資系企業は，国内MBAの価値を認めている会社も多く存在するので，外資系企業への転職を考える場合は，日本企業と比較すると，国内MBAが評価される可能性は高い。

　このように日本ではMBAを取得しても，それほど評価されることはないために，会社を辞めて進学するフルタイムMBA（全日制）の人気はなく，仕事を続けながら通うことができるパートタイムMBA（夜間）が人気があるというのが現状である。筆者が早稲田大学ビジネススクールを修了した2003年頃は，

国内 MBA はフルタイムの全日制が人気があった。それは国内 MBA を修了すれば修了後のキャリアは保証されるという誤った認識が社会に浸透していたからである。しかし，国内 MBA を修了すればその後のキャリアは保証されるという認識が誤っているということが徐々に社会にバレてしまった。現在は IT による情報化社会であるため，誤った認識はすぐにバレてしまうのである。このように国内 MBA に進学してもキャリアが保証されるわけではないということを誰もが知ることとなってしまったために，会社を辞めてまで国内 MBA に進学することはリスクが高いと多くの方が認識するようになった。そのため，フルタイムの全日制の MBA は人気がなくなっていった。この変化に目をつけたのが早稲田大学ビジネススクールである。会社を辞めずに働きながら学ぶことができるパートタイム MBA を開講し大人気となったのである。早稲田大学に遅れて一橋大学も全日制にプラスして，パートタイムの夜間コースである経営管理プログラムを開講し，こちらも人気となっている。今や日本の MBA というとパートタイムの夜間 MBA であり，その先頭を走る人気ナンバーワンの国内 MBA は早稲田大学ビジネススクールである。一昔前までは国内 MBA といえば慶應ビジネススクールであったが，今やその地位は完全に早稲田に奪われた形になっている。

　このような説明をすると，国内 MBA に進学する価値は何なのだろうか，と疑問を持つ方も多いかと思う。国内 MBA が価値を持つ人というのは，成果を出すことにこだわっている人である。第 1 章で説明した社内公募制で新規事業を立ち上げようと考えている方，大企業の新規事業の立ち上げに独立採算の別法人で参加しようと考えている方，自分で起業して新たな価値創造を目指す方，企業内でプロジェクト・リーダーとして成果を求められている方などには国内 MBA での学びは有効である。これらの方々に共通するのは，自律して自分でリスクを取って行動して社会のために成果を出すことにこだわる姿勢を持っていることである。自律，成果，リスク，行動といったキーワードを自覚している方は，日本的な年功序列に無条件に従うことを拒否し，自分なりの価値観や生き方を持ち，それに従って行動する。意味もなく他人に従ったり依存したり

することはない。そんな方にとって，ビジネスの原理原則，資本主義の仕組み
を学ぶことができる国内 MBA の学びは大きな価値があると筆者は考えている。

3　国内 MBA の受験にかなりの準備時間をかけないと　合格できないという誤った認識

　国内 MBA の入試は，筆記試験（英語，小論文），出願書類（研究計画書，
志望理由書），面接の３つが課せられている。大学院によっては筆記試験はな
く，出願書類（研究計画書，志望理由書）と面接の２つだけの場合もある。こ
のような入試科目の中で，多くの受験生が誤った認識をしている点が，英語や
小論文という筆記試験が合否を決める上で重要と考えていることである。これ
は明らかに間違っている。英語や小論文の筆記試験ができなくても合格してい
る方は多くいる。その理由は，国内 MBA 入試で見られているのは，第５章で
詳しく説明するが，「他の学生と順応してやっていけるか」「過去の経歴部分の
スペック」「自分中心ではなく『貢献』という意識があるか」「コミュニケー
ション能力」という点だからである。筆記試験ができることよりも，これらが
見られているのである。筆記試験で高得点を取るという定量的な評価基準では
なく，「他の学生と順応してやっていけるか」「過去の経歴部分のスペック」と
いった定性的な評価基準で合否が決まるのである。そこで重要になるのが，出
願書類（研究計画書，志望理由書）と面接である。この２つによって合否が決
まるといっても過言ではないのが国内 MBA 入試である。

　そのため大学受験のように１年間の準備期間が必要ということはない。半年
もあれば十分であるし，直前の１か月での準備でも合格している方は多くいる。
この点は，大学受験と国内 MBA 入試は大きく異なるので，注意していただき
たい。多くの受験生が，１年くらいの準備期間が必要であり，英語などはかな
りの高得点が取れないと合格できないと思っているが，そんなことはない。筆
者が指導して合格した方の中には，英語が苦手で TOEIC450点という方も多く
いたが，有名大学の国内 MBA に合格している。

ただ，筆記試験が重要になっている大学院も存在する。それは新卒の受験者が多いフルタイムの京都大学経営管理大学院の一般選抜，一橋大学大学院経営管理研究科（経営分析プログラム）の２校である。これらフルタイムで大学生の受験生が多い大学院は，筆記試験の出来が合否を決める。この２校を受験する方は，英語や小論文の勉強に力を入れていただきたい。その他，社会人が受験生の多くを占めている大学院は，筆記試験よりも出願書類（研究計画書，志望理由書）と面接に力を入れて対策していただければ問題ない。

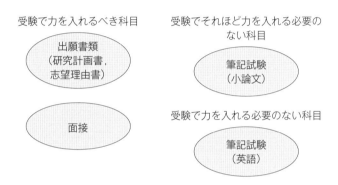

受験で力を入れるべき科目

出願書類
（研究計画書，
志望理由書）

面接

受験でそれほど力を入れる必要の
ない科目

筆記試験
（小論文）

受験で力を入れる必要のない科目

筆記試験
（英語）

4　有名大学の MBA こそ価値があるという誤った認識

　筆者は受験指導で志望校を決める相談に乗ることが多いが，そこで感じる大きな問題点は，有名大学の MBA こそ価値があるという認識を持った方が多いことである。国内 MBA で有名校といえば，早稲田と慶應である。特に会社を辞めずに通える夜間コースを持つ早稲田の人気が抜きん出ている。そうすると，みんなが早稲田の MBA を志望するのである。ただ，この「有名大学だから志望する」という思考停止は危険である。この意思決定手法をヒューリスティクスという。ヒューリスティクスとは，バッグを選ぶ際に，「ブランドのバッグといえばルイ・ヴィトン」とか，カジュアル衣料を選ぶ際に，「カジュアル衣料といえばユニクロ」といった単なるブランドや知名度を頼りにした意思決定

手法である。MBAへの進学は一生に一度のことであり，MBAでの研究も一生に一度の経験である。何度も買い替えのできるバッグやカジュアル衣料と同じ意思決定手法で選んではいけない。

　では，どのようにして志望校を決めるべきなのか。詳細は第3章で説明するが，大切なことの1つは，大学院側が求めている人材に自分が合致しているか，という点である。先に説明したが，大企業のエリート社員を求めているMBAもあれば，大企業のエリートよりも起業家や親の会社の後継者を求めているMBAもある。また，20代・30代が中心のMBAもあれば，年齢に関係なく20代から60代までさまざまな年代が学ぶMBAもある。さらに，最近は留学生の受験生が多くなっているが，留学生を積極的に受け入れるMBAもあれば，留学生の受け入れに消極的なMBAもある。このように大学によって求める学生像が異なっている。この大学が求める人材が，どのような人材かを調査した上で，自分がその大学が求める人材に合致するかを考えてみる必要がある。筆者は早稲田大学ビジネススクールを修了しているが，筆者のような起業家を早稲田のMBAは求めている（当然，大企業のサラリーマンも求めている）。全日制コースにも夜間コースにも起業を専門とする教授がおり，その先生方は起業家や事業承継をする学生を積極的に合格させたいという考えを持っている。実際，筆者が指導して早稲田大学ビジネススクールに合格した起業家や事業承継者は数多く存在している。

　2つ目は，自分が研究したいテーマを専門とする教授が在籍しているか，という点である。筆者は起業家に関する研究をしたかったので，起業家に関する専門性を持つ教授が在籍している早稲田大学ビジネススクールを選んだ。筆者のような起業家に関する研究をしたい場合には，起業家に関することを専門とする教授がいなければそもそも志望する動機にはならない。有名大学のMBAという視点ではなく，自分の研究テーマを専門領域とする教授がいる国内MBAを目指すべきなのである。

　この志望校選びに関しては，第3章で詳しく説明することにする。

第**3**章 大学院選びの重要ポイント

　前章では，国内 MBA の大学院選びで，有名大学だからという思考停止は危ないという指摘をした。単にブランドや知名度だけで大学院を選んではいけない。受験生である皆さんに合った大学院を選ぶことは，MBA での学生生活を充実させるためには重要である。では，どんな点をもとに進学すべき大学院を決めるべきか。筆者の長年の国内 MBA 受験指導からそのポイントを説明しようと思う。有名大学の MBA に進学しても，自分に合っていなければ，幸せな MBA ライフは待っていない。この点に気をつけて，受験する大学院，進学する大学院を決めていただきたい。

大学院選びの 4 つのポイント

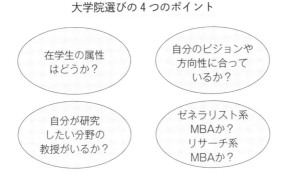

1　学生の属性

　まず重要なのが学生の属性である。フルタイムの全日制の場合とパートタイムの夜間の場合で注意点が異なるので分けて説明する。

　フルタイムにおいては，新卒者が多い大学院か，社会人経験者が多い大学院

か，を考慮する必要がある。大学生は新卒者が多い大学院に進学すべきだし，社会人は社会人経験者が多い大学院に進学すべきである。大学生が社会人経験者の多い大学院に進学した場合に生じる問題は，ディスカッションに参加できない人がいることである。国内MBAはディスカッション形式で授業が進むが，社会人経験が豊富な方ばかりの中で，実務経験がない大学生は経験・知識で劣っているためにディスカッションに参加できず，教室の隅で黙っているということがある。そうなってしまっては，MBAに進学した意味はない。そのため大学生の方は，新卒者が多い大学院を選ぶべきである。新卒者が多い大学院の場合は，社会人経験者が多い大学院と比較して，講義形式の授業が充実している傾向がある。しっかりしたインプットをしてくれる大学院が多い。講義形式の授業が充実していれば，経験や知識がない新卒の方でもついていくことができ，しっかりした学びを得ることができるのである。

　逆に社会人経験がある方は，新卒者が多い大学院は避けて，社会人経験者が多い大学院を選ぶべきである。社会人経験があれば講義なしで，いきなりケーススタディをしたとしても問題なくついていける。社会人が多いので経験をもとにした対等な立場でのディスカッションができる。社会人経験者が大学生の多い大学院に進学してしまうと，ディスカッションがかみ合わなかったり，仕事上の悩みや問題点を共有できずに，有意義な時間を過ごせない可能性もある。

　次に，パートタイムに関してである。パートタイムの場合は，所属企業と年齢に関する点に注意する必要がある。第2章で説明したが，大企業のエリートサラリーマンを好む大学院がある。一方，所属企業は関係なく，問題意識が高ければ合格できる大学院も多くある。この点に注意が必要な理由は，大企業のエリートサラリーマンばかりの大学院に，ベンチャー企業の社長が入学した場合，あまりハッピーな学生生活は待っていないからである。羊の中に1匹のライオンがいるような状況になり，周りから浮いてしまうのである。浮いてしまうと，ディスカッションなどはかみ合わずに，授業に参加するモチベーションが沸かなくなってしまう。逆のこともいえる。中小零細企業の方やベンチャー企業の方ばかりの中に，大企業のサラリーマンの方が入っても，これもまた

ディスカッションがかみ合わない。こういったことを避けるために，志望校を決定するにあたっては，在学生の所属企業を調査すべきである。

　年齢も同様である。有名大学のMBAは50代以上の方はあまり好まない傾向がある。20代～40代前半くらいがボリュームゾーンである。一方，年齢は関係なく，20代～60代の方が幅広く学んでいるMBAも数多く存在する。この点も，在校生の属性を調べればわかるので，事前に調べてみるべきである。何も調べずに，とりあえず有名大学のMBAを受験する方も多いが，それでは何年かかっても合格できない。実際，筆者は年齢的な要因で何度も不合格になっている受験生をたくさん見てきた。意味もない失敗を回避するためにも，在校生の年齢を調べて，自分の年齢で合格できるかを確認した上で志望校を決定していただきたい。

　最後に，留学生に関してである。こちらも，今まで説明してきた点と同様で，大学院によって，留学生を受け入れているかどうかが異なっている。留学生を積極的に受け入れている大学院もあれば，留学生はほとんどいない大学院もある。留学生の方で国内MBAを目指す方は，自分が目指す大学院に，留学生がどのくらい在籍しているかを調べた上で受験することをお勧めする。筆者の指導経験をもとに考えると，留学生は何度受験しても不合格になる人が多い。これは単純に日本語能力が低いということに起因している場合もあるが，そもそもの話として，留学生を受け入れようという意思を持たない大学院もあると思われる。このような状況であるので，留学生の方は，大学院選びに注意していただきたい。

2　自分のビジョンや方向性に合っているか？

　今いる会社で出世を目指すのか，転職前提で進学するのか，起業や事業承継するのか，という自分のビジョンや方向性によっても志望校は違ってくる。

　筆者のように起業を目的にMBA進学を考える場合は，志望校は限られる。起業に関するプログラムを提供している国内MBAは限定されるからである。

筆者が調べた限りでは，起業や事業承継を考えている方は，青山学院大学，関西学院大学，同志社大学，法政大学，明治大学，立教大学，立命館大学，早稲田大学への進学を考えるといいと思う。起業家や事業承継者向けプログラムが提供されている。筆者の経験をもとに説明すると，早稲田大学ビジネススクールでは，実際に起業する際のビジネスプランを作成する授業が多く実施されていた。授業でのプレゼン機会だけでなく，ビジネスプランコンテストへの参加，ベンチャー・キャピタルへのプレゼンによる開業資金の獲得機会など実践的な内容の授業が多く開講されていて，実際の起業に非常に役立った。これが大企業のサラリーマンばかりの国内 MBA に進学していたら，このような貴重な体験は得られなかった。

　今いる会社で出世を目指すという方は，大企業の方がほとんどだと思われる。その場合は，先に説明したとおり，学生のほとんどを大企業のサラリーマンで占めている大学院を考えるといいと思う。大企業のサラリーマンを好む大学院には，あまり変わったキャリアの方はいない。生え抜き文化の日本企業に所属している方が大半である。この点を，大学のオープンキャンパスで確認して受験するといいと思う。逆に起業家や中小零細企業に勤務する方は，生え抜き文化の日本企業に所属している方が大半の国内 MBA は避けたほうがいい。浮いてしまうだけである。

　最後が転職前提の方であるが，これは多くの方が当てはまると思われる。ただ，日本の大企業に在職しながら転職を考えている方と，派遣社員で働きながら正社員を目指している方，フリーターとして働きながらコンサルティング・ファームを目指す方とはまったく転職の意味が違ってくる。派遣社員で働きながら正社員を目指している方，フリーターとして働きながらコンサルティング・ファームを目指す方は，有名大学のパートタイム（夜間）MBA は筆者の受験指導経験から考えると，合格は難しい。こういった方こそ，有名大学という思考停止から脱却して，自分を受け入れてくれる大学院に進学すべきである。どこの MBA に進学しても，学ぶ内容は経営学に関してである。大学名は関係ない。経営学を学んだ上で，その後のキャリアにどう活かすかは，すべて自分

次第なのである。実際に，筆者が指導した派遣社員の方やフリーターの方は，有名大学のMBAではないが国内MBAに進学し，修了後は起業したり，コンサルティング・ファームに就職したりした方など実際にいる。繰り返しであるが，MBAは大学名で決めてはいけない。自分を受け入れてくれる大学のMBAに進学すべきである。その後のキャリアは，自分の手で切り開けばいいだけの話である。出身MBAがどこかなんてことは関係ないのである。

3　自分が研究したい分野の教授がいるか？

　国内MBA入試では，出願書類である研究計画書が合否を決める上で重要であることは説明した。研究計画書が合否を決める上で重要な理由は，国内MBAでは入学後に修士論文を書くこと，すなわち研究することが必要だからである。研究を必須としていない国内MBAもいくつか見られるが，本章の「ゼネラリスト系のMBAか？　リサーチ系のMBAか？」で説明するが，MBAで研究することは，日本のビジネスマンには大切なことである。その際に，自分が研究したいと考えるテーマに関して，その領域を専門とする教授がいるかどうかという点は，志望校を決める上では非常に重要である。例えば，自身の研究したいことが，「起業家の創造的なアイデアの源泉について」というテーマだったとする。この場合，起業家に関する専門知識を持った教授の下で指導を受けるのが最高の研究をするためには必要となる。ただ，国内MBAで起業家の研究を専門としている教授は多いとはいえない。さらに起業家の創造性とまでテーマが狭くなると，そのテーマを専門とする教授はなかなか見つからないかもしれない。

　そこで国内MBAを開講している大学院の指導教授を調査し，可能な限り自分の研究テーマに近い関心領域を持つ教授が在籍する大学院を選ぶべきなのである。筆者が早稲田大学ビジネススクールを志望した理由は，「起業家の創造性」を研究領域としている東出浩教教授がいたからである。また東出教授の専門領域には，起業だけでなく，Happiness（人の幸せとは？）という面白い領

域のテーマも含まれていて興味深かったという理由もある。このように，自分が研究したいテーマと教授の専門領域の合致というのは，志望校決定のためにはかなり重要になってくる。

　ここでは筆者が，過去に受験生の相談に乗り，志望校を決定した例をいくつか紹介したいと思う。「企業経営におけるさまざまな意思決定のあり方を数理モデルを使って研究したい」という受験生がいたが，その方には筑波大学大学院ビジネス科学研究群の猿渡康文教授をお勧めした。別の方は，「ネットビジネスにおけるプラットフォーム戦略を研究したい」ということであったので，その領域を専門としている早稲田大学ビジネススクールの根来龍之教授をお勧めした。また，「広告を用いたブランド構築について研究したい」という方には，中央大学大学院戦略経営研究科の田中洋教授をお勧めした。そして，IT系の起業をしたいという方が，「IT系のベンチャー企業特有の起業時の成功要因と失敗要因の研究」をしたいということだったので，ITベンチャーの起業に詳しい法政大学大学院経営学研究科の田路則子教授をお勧めした。さらに，「消費者行動の分析を通したブランディングについて研究したい」という方には，筑波大学大学院ビジネス科学研究群の西尾チヅル教授をお勧めした。最後が，起業家の創造的なアイデアではなく，企業における知識創造ということで，「大企業において，個人の知識を組織の知識として定着・活用する方法に関する研究」をしたいという方がいたが，その方には，中央大学大学院戦略経営研究科の遠山亮子教授をお勧めした。

　以上の事例のように，志望校を決める上で，自分の研究テーマを専門とする教授がいるかどうかの重要性をご理解いただけたと思う。有名大学のMBAだからではなく，自分が研究したい関心領域を専門とする教授がいるからこの大学のMBAを志望した，といえるようにしていただきたい。

4　ゼネラリスト系のMBAか？　リサーチ系のMBAか？

　国内MBAには大きく分けて2つの種類がある。1つは，ゼネラリスト系

MBA，もう1つがリサーチ系MBAである。また，この中間に位置する
MBAもある。以下で，それぞれのMBAの特徴を説明し，皆さんの志望校決
定のための材料を提供する。

　なお，この2つの分類はあくまでも筆者が考えたものであって，一般的な認
識として，ゼネラリスト系MBA，リサーチ系MBAという呼び方や分類が浸
透しているわけではない。読者の皆さんが志望校を決定しやすくするために，
筆者が考えた分類である。

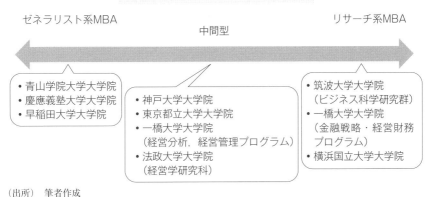

学ぶ内容をもとにした国内MBAの分類

（出所）　筆者作成

4-1　ゼネラリスト系MBAスクール

　ゼネラリストとは，経営に関する幅広い知識を有する人のことである。幅広
いというのは，ヒト・モノ・カネといった経営資源全体をマネジメントするた
めに必要な知識，すなわち，経営戦略，マーケティング戦略，財務戦略，組
織・人材戦略，ファイナンス，オペレーションといった企業経営をおこなう上
で不可欠な知識のことである。

　では，なぜゼネラリストとして経営全体の知識を学ぶ必要があるのだろうか。
例えば，企業の経営企画部のような部署で働く人，コンサルティング会社で働
く人，筆者のように起業している人，このような方々にとって経営全体の知識

は不可欠である。コンサルティング会社で働く人を例に説明してみよう。コンサルティングを依頼する会社というのは，会社に何らかの問題点がある会社であろう。例えば，売上がここ数年極端に落ちてきている会社のコンサルティングを任されたとしよう。その場合，まずは，なぜ売上が低迷したのか，その原因を探らなければならない。会社のマーケティング戦略に問題があるのか，それとも働く人に問題があるのか，はたまた財務戦略に問題があるのか，どこに原因があるのかは，しっかりしたリサーチをしなければわからない。結果として，マーケティング戦略上の問題と出た場合は，マーケティング戦略を修正するためのコンサルティングをおこなわなければならないし，人材に問題ありと出た場合は，組織や人材戦略の見直しのためのコンサルティングをおこなわなければならない。また，マーケティング戦略上の問題の根源が財務戦略上のミスに起因しているケースもありうるので，マーケティング戦略だけの知識では本当のソリューションの提案はできない。要するに，コンサルタントというのは，経営に関する幅広い知識がなければやっていけない仕事なのである。MBA ホルダーがよくコンサルティング会社に就職するという話を聞くが，それは，MBA ホルダーが経営に関して幅広い知識を有するゼネラリストであるからなのである。

　また，筆者のように起業家として生きている人も経営のゼネラリストである必要がある。筆者のように一から企業を独力で立ち上げるには，会社の経営戦略，マーケティング戦略，財務戦略，組織戦略，オペレーション戦略などを自分で考えなければならない。第1章で説明したとおり，1990年代までは日本は，経済が右肩上がりで成長していたため，会社を作るだけで成功するケースもけっこうあった。しかし，現在は経済成長が鈍化し，会社を作ってもなかなか成功することはできなくなっている。このように起業家にとっては非常に厳しい環境にあるが，そこで役に立つのが MBA で学ぶさまざまな経営理論である。筆者が2003年にウインドミル・エデュケイションズ株式会社を立ち上げた際の経営戦略，マーケティング戦略，資金調達などの財務戦略は，すべて1人でおこなった。また，2019年にウインドミルの国内 MBA 事業を事業譲渡した際の

企業価値算定などは，M&A仲介のコンサルタントと一緒に考えた。このように起業家として生きていくためには，経営全体に関する知識を持ったゼネラリストである必要があるのである。

　米国のMBAのほとんどは，このゼネラリスト系のMBAに属するが，日本のMBAの多くもこのゼネラリスト系に属する。青山学院大学，関西学院大学，慶應義塾大学，中央大学，同志社大学，明治大学，法政大学（イノベーション・マネジメント研究科），立教大学，早稲田大学などの国内MBAは，ゼネラリスト系MBAの代表である。よって，将来，企業の経営企画部やトップマネジメントチームの一員として働きたい，コンサルタントになりたい，起業したいという方々は，上記のゼネラリスト系のMBAを目指すべきである。

4-2　リサーチ系MBAスクール

　リサーチ系というのは，研究を中心におこなうMBAである。研究といっても，学部卒の新卒者が入学する大学院でおこなう研究とは異なる。違いは，研究テーマが生まれる過程の違いである。通常の大学院の研究科は，問題意識の源泉は先行研究である。学部からそのまま大学院に進学するわけだから，実務経験などはない。よって，問題意識の源泉はアカデミックな研究論文を読み込んで，その中から自分が興味を持った研究テーマを設定し，研究していくのである。それに対して，リサーチ系MBAスクールでおこなわれる研究は，問題意識の源泉が実務経験にある。実務をおこなう中で疑問に感じた点や問題となっている点などについて，アカデミックな研究を通して解決の糸口を見出していこうというのが，MBAでおこなう研究なのである。よって，研究テーマも実務に根ざしたものとなる。

　このリサーチ系MBAは，先に説明したゼネラリスト養成のためのカリキュラムが組まれているのではなく，自分の研究を充実するための研究を中心としたカリキュラムが組まれている。例えば，リサーチ系MBAの代表である筑波大学大学院ビジネス科学研究群のホームページを見ると，「経営学とアナリティクスの融合を目指して」と題して，「経営学学位プログラムでは，経営戦

略・組織論，マーケティング，会計，ファイナンスなど経営学のコア領域に，現在のビジネスで必須となりつつある統計科学，オペレーションズリサーチ等の数理科学，および人工知能，データマイニング，エージェントベースシミュレーション，知識工学等の情報科学など分析基盤となる領域を加えた幅広い教育を実践しています」と書かれている。ここで特徴的なのが，「統計科学，オペレーションズリサーチ等の数理科学，および人工知能，データマイニング，エージェントベースシミュレーション，知識工学等の情報科学など分析基盤となる領域を加えた幅広い教育を実践」という点である。リサーチ系 MBA は，この点に注力した研究をすることが学びの中心になるということを知っておいていただきたい。

　このリサーチ系の国内 MBA に該当するのは，筑波大学大学院人文社会ビジネス科学学術院ビジネス科学研究群，一橋大学大学院経営管理研究科（金融戦略・経営財務プログラム），横浜国立大学大学院国際社会科学府経営学専攻社会人専修コースである。

　リサーチ系 MBA スクールの人気の背景には，日本特有の状況があるのではないかと筆者は考えている。米国の MBA というのはゼネラリスト系の MBA がほとんどであるが，これにはわけがある。そもそも米国というのは，社会科学の研究が盛んで，その研究成果をビジネス上で活かしていこう，という風土が出来上がっている。すなわち，産学の連携が進んでいる。MBA ホルダーというのは，基本的にビジネスをおこなう人であり産学の"産"に属する。それに対して，研究する人は"学"である。要するに，ビジネスをおこなう経営者と研究者の連携が取れているため，研究者が生んだ経営理論を，MBA ホルダーである経営者が活用するという，科学的なマネジメントをおこなう体制が出来ているのである。そのため，経営者である MBA ホルダーに求められるスキルは，経営理論を用いて科学的なマネジメントをおこなうことである。よって，MBA ホルダーである経営者には，経営理論を生み出すためのスキルは不要であって，それを使って実践することだけが求められているのである。そのために研究などおこなわず，経営に関するゼネラリストであればいいのである。

しかし，日本の場合は，米国と事情は異なる。日本は社会科学後進国であるため，日本の研究者により独自の経営理論が生み出される可能性はそんなに高くない。書店に行ってみれば，このことはすぐに理解できる。経営書の本棚に並んでいる本を見ていただきたい。マイケル・E. ポーター，ジェイ・B. バーニーをはじめとする欧米の学者によって書かれた本が多いことに気づくはずである。日本の研究者の本は欧米の翻訳本が多いことに気づくのではないだろうか。欧米と比較して，日本では，経営理論はそんなに生まれていないのである。また，企業を経営している経営者に目を向けても，勘と経験によるマネジメントがおこなわれており，経営理論を会社のマネジメントに活用している企業などほとんど存在しない。このように，"学"も"産"も欧米に比べ遅れをとっている日本では，自ら研究者として経営理論を生み出し，さらにそれを自ら経営者として実践できる2つのスキルを持った人材が必要なのである。こういった人材になるには，リサーチ系の国内 MBA に行き，リサーチ教育を中心に受けながら，ゼネラリスト的な教育も受けるというスタイルの学びが必要となるのである。日本において，リサーチ系の国内 MBA スクールの人気が高い背景には，上記のような理由があるのではないかと筆者は推測している。MBA といえば，ゼネラリスト，あるいはケーススタディと考えている方が多いようだが，日本の労働市場で高い評価を得るには，リサーチ系の国内 MBA はゼネラリスト系 MBA よりも適しているかもしれない。

4-3 中間型 MBA スクール

この中間型 MBA というのは，これまで説明してきた「ゼネラリスト系」と「リサーチ系」の双方の良さを取り込んで，両方を充実させようという国内 MBA である。この中間型という言葉も筆者が考えたものであって，国内 MBA 業界で一般的な認識が得られているものではない。本書は，読者の皆さんに，国内 MBA の大学院の各校の特徴をわかりやすく伝えることが目的であるので，ある程度の単純化をしている点はご了承いただきたい。

「ゼネラリスト系」と「リサーチ系」の双方の良さを取り込んで，両方を充

実させようという国内 MBA に該当するのは，筆者独自の分類であるが，神戸大学，東京都立大学，一橋大学（経営管理プログラム，経営分析プログラム），法政大学（経営学研究科），である。この 4 校は，双方の良さを取り込んで，両方を充実させようという姿勢を持っている。

4-4 国内 MBA の分類に関する注意点

「ゼネラリスト系」と「リサーチ系」という切り口で国内 MBA の大学院の特徴を説明してきたが，ここでの説明は，読者の皆さんの理解のしやすさを第一に考えて単純化して説明している。よって，ここでの説明をもとに，志望校の目星をつけたら，その後は次の「大学院に関する情報の集め方」で説明する方法で，自分で情報を集めていただいて，最終的な志望校を決めていただきたい。ここでの「ゼネラリスト系」「リサーチ系」「中間型」という分類は，皆さんが目星をつけるという意味で利用していただきたい。

　このような注意点をお伝えするのには理由がある。筆者が修了した早稲田大学ビジネススクールであるが，ここではゼネラリスト系という位置づけで説明した。しかし，筆者はゼネラリスト系の教育も受けたが，どちらかというとリサーチ系の教育のほうを多く受けた。なぜ筆者は早稲田大学ビジネススクール修了なのに，リサーチ系の教育を受けたのか。それは筆者が所属したゼミの東出浩教教授の指導方針にある。東出教授のゼミでは，リサーチ系の国内 MBA として紹介した筑波大学大学院人文社会ビジネス科学学術院ビジネス科学研究群と同レベル，いやそれを超えるレベルのリサーチ教育がおこなわれているのである。ゼネラリスト系 MBA を修了した学生が，アカデミックな学会で論文を発表することはほぼないが，筆者は東出教授のおかげで日本ベンチャー学会で論文を発表し，学会誌にも論文が掲載された。早稲田大学ビジネススクールの修了生で統計解析ソフトを用いて多変量解析をし，学会発表までするという学生はあまりいないと思われる。それは早稲田大学ビジネススクールはアカデミックな修士論文を書くよりも，ゼネラリスト教育に力を入れているからである。しかし，筆者は SPSS や SAS というソフトウエアを用いて多変量解析が

できる。これはアカデミックな研究に力を入れている東出教授のゼミに入ったからである。

　以上のように，早稲田大学ビジネススクールに進学した学生でも筑波大学大学院人文社会ビジネス科学学術院ビジネス科学研究群で学ぶような「統計科学，オペレーションズリサーチ等の数理科学，および人工知能，データマイニング，エージェントベースシミュレーション，知識工学」を学ぶ機会があるということである。よって，繰り返しであるが，上記の「ゼネラリスト系」「リサーチ系」「中間型」は完璧に妥当な分類になっているかというとそんなことはない，ということをご理解いただきたい。

5　大学院に関する情報の集め方

　本章の最後では，これまで説明してきた国内 MBA の志望校を決める際の情報収集方法について説明する。以下の手順で情報収集を進めていただければ，知名度やブランドというヒューリスティクス的な視点ではなく，自分に合った最適な大学院選びが可能になる。

ステップ 1　ホームページで探る

　まずは国内 MBA を開講している大学院のホームページをチェックする。多くの大学院のサイトには，その大学院の理念や特徴，在校生の属性情報，在籍教授の専門分野などが書かれている。1 つひとつ当たるのは大変だとは思うが，自身に最適な学校選びのために欠かせない作業であるので，手を抜かずに取り組んでいただきたい。なお，日本で MBA を開講している大学一覧は，国内MBA の受験指導をおこなう予備校のサイトに掲載されているので，そちらから開講している大学院を把握していただきたい。筆者が教えているアガルートアカデミーのサイトでも MBA を開講している大学院一覧は掲載されているし，アガルートアカデミーのライバル予備校である河合塾 KALS のサイトにも掲

載されているので，よければ参考にしていただきたい。

ステップ2 オープンキャンパスなどに参加する

　ステップ1の調査で，その大学院の理念や特徴，在校生の属性情報，在籍教授の専門分野などを調べて，自分に合致する大学院をいくつかに絞り込む。その絞り込んだいくつかの大学院に関しては，実際に訪問して，自分のキャリアの方向性，自分の属性で合格できるか，在校生の属性，自分の研究テーマに合致する教授がいるか，などを確認する必要がある。一般的な大学院受験の場合は，教授訪問をするが，国内 MBA の場合は，教授訪問を受け付けてくれることはない。その代わりに，大学主催のオープンキャンパスが開催されるので，それに参加する。そこで，上記に関して確認する。オープンキャンパスでは，教授の話だけでなく，在校生の生の声も聞くことができるので，そこではちょっと教授には聞きにくいことでも質問できる。自分の属性で合格できるか，在校生の属性はどうか，といった点は，あまりオープンにすることを好まない大学院もあるので，このあたりは在校生の声を聞くことによって貴重な情報が得られるのである。

　オープンキャンパス以外の生の情報収集の場として，大学院が実施している外部セミナーに参加することが考えられる。例えば，早稲田大学ビジネススクールは，日経ビジネススクールにて MBA Essentials を開講しているが，これは誰でも受講可能なセミナーである。こういった外部セミナーを活用して情報収集するのも1つの手段である。

ステップ3 個別に相談する

　オープンキャンパスにて個別に相談する機会を設けている国内 MBA もあるので，実施している場合は，オープンキャンパスで相談に乗ってもらうといい。また，オープンキャンパスに参加して在校生と知り合いになった場合に，メー

ルアドレスの交換をしてくれる学生もいる。その場合は，その在校生と連絡を取り合って，自分のキャリアの方向性，自分の属性で合格できるか，在校生の属性，自分の研究テーマに合致する教授がいるかについて相談に乗ってもらうといいと思う。

　上記のような在校生との個別のつながりを持つことができなかった場合は，国内 MBA 予備校に相談に行ってもいいと思う。国内 MBA 予備校では，各大学院の特徴，在校生の属性，各大学院の教授の専門分野などの相談のエキスパートがいるので，その方々に相談するのも良い方法だと思う。

ステップ4　志望する教授の論文や著書を読む

　ステップ3で志望校を決定できたら，最後に「その志望校以外は考えられない」という確信レベルまで到達しておけば面接で質問されても安心である。そのための方法として，自分が志望する教授の執筆した学術論文や著書を読むことである。志望教授の学術論文や著書を読んで，自分が研究したいテーマに近い内容であるとか，その教授の研究論文を参考に，それにプラスアルファした研究をしたいと思えるならば，もう志望校への動機は十分である。ここまで準備しておけば，志望動機としては万全である。

第**4**章 国内 MBA の面接の概要

　本章では，国内 MBA 入試でおこなわれている面接の概要について説明する。
面接の形式，面接でされる典型的な質問の概要，国内 MBA の面接でおこなわ
れている圧迫面接の内容について説明する。面接内容の詳細は，第 7 章で説明
するので，本章では概要を押さえる目的でお読みいただきたい。

1　面接の形式

国内 MBA の面接の形式は？

```
┌─────────────┐      ┌─────────────┐
│ 集団面接なの？ │      │ 面接官は何人 │
│ 個人面接なの？ │      │   なの？    │
└─────────────┘      └─────────────┘

┌─────────────┐      ┌─────────────┐
│  面接時間は  │      │ 面接の順番は │
│  どのくらい  │      │ どう決まるの？ │
│    なの？    │      └─────────────┘
└─────────────┘
```

　最初に国内 MBA の面接の形式的な点について説明する。形式的な点とは，
集団面接なのか，個人面接なのか，という面接のタイプから，面接官の数，面
接時間はどのくらいか，面接場所はどこか，面接に呼ばれる時間はどのように
決められるのか，といったことである。

　まず，国内 MBA の面接のタイプは，集団面接ではなく，個人面接である。
集団面接とは，新卒の就職の面接で用いられている手法である。選考の初期段
階で実施されるもので，個人面接でじっくり選考する前の「洗い出し」として

おこなわれている面接である。国内 MBA の場合は，新卒の就職面接ほど受験者が多いわけではないので，集団面接はおこなわれず，いきなり個人面接を実施する形である。個人面接の目的は，人物像を深く掘り下げていくことである。

　面接官の数は，大学院によって異なるが，学生 1 人に対して，面接官 2 〜 3 人という形が多い。1 人当たりの時間は，短い場合は10分くらい，長い場合は25分くらいで，平均すると15分くらいである。面接場所は，その大学のキャンパスでおこなわれるのが一般的である。2020年は新型コロナウイルス感染症の影響でオンライン面接がおこなわれたが，これはコロナ禍のみの対応で，大学のキャンパスでおこなわれる形だと考えていただいて問題ない。

　面接に呼ばれる順番であるが，これは受験番号順に呼ばれる。以前，一橋大学大学院経営管理研究科経営管理プログラムでは，1 次試験の出来の良い順に 2 次の面接を実施していた。要するに，午前中の早い時間に面接に呼ばれた受験生が合格する可能性が高く，午後の遅い時間に呼ばれた方は不合格になる可能性が高かった。この法則性に筆者は気づいたため，多くの受験生にこの情報を伝えた。その結果，SNS に書かれてしまい，受験生の多くが，一橋大学大学院経営管理研究科経営管理プログラムは早い時間に面接に呼ばれたほうが合格しやすいということを知るようになってしまった。結果，一橋大学大学院経営管理研究科経営管理プログラムでは，この出来の良い順に面接をすることをやめて，多くの大学院同様に受験番号順に面接をするという形になってしまった。

　ということで，面接に早い時間に呼ばれたからといって，合格の可能性が高いということは一切ないので注意していただきたい。

2　面接で質問される典型的な質問

　ここでは国内 MBA の面接で質問される典型的な質問について概要を紹介する。詳細は第 7 章で説明するので，ここでは概要の把握という点を目的とする。
　国内 MBA の面接は，受験生がどんな人間か？　を知ることが目的である。

そのため，研究に関する深い知識が質問されることはない。ただ，第3章で説明した「リサーチ系MBA」では，研究に関する知識が問われる場合もあるが，あくまでも入学前の面接であり修士課程修了者レベルの知識が問われることはない。また，コンサルティング・ファームの面接でおこなわれているケース面接が実施されることもほとんどない。コンサルティング・ファームの面接では，市場規模を推定する「マーケット・サイジング問題」，論理力や発想力を試すなぞなぞや脳トレクイズのような「ブレインティーザー」といったケース面接がおこなわれているが，国内MBAの面接で「マーケット・サイジング問題」が問われたことは，筆者の指導経験上は過去にない。

　ケース面接レベルではないが，面接時に資料を見せられて，それに関して簡単なディスカッションをする形態の面接がおこなわれる大学院が，筆者が知る限り2校ある。1つが慶應義塾大学大学院経営管理研究科である。慶應では全員ではないが，論理力や発想力を試すなぞなぞや脳トレクイズのような「ブレインティーザー」がおこなわれている。また，すべての授業が英語でおこなわれる筑波大学大学院国際プロフェッショナル専攻では，時事的な話題に関する資料を見せられて，その時事問題に関して，面接官と英語でディスカッションする形での面接がおこなわれている。これら2校のケース面接に類似した面接に関しても，詳細は第7章で説明する。ここでは，上記2校は簡単なケースに類似した面接がおこなわれるという点を把握しておいていただければ十分である。

　では，本題である国内MBAの面接で質問される典型的な質問について説明する。国内MBAの面接で質問される質問を筆者なりに分析すると，以下の6つのカテゴリーに分けられる。

① 国内MBAの志望動機に関する質問

② 志望校に関する質問

③ 国内MBA修了後のキャリア計画に関する質問

④ 受験生の所属企業・業界に関する質問

　　詳しくは第7章で説明するが，「自社・業界の現状分析」「自社・業界の

将来的な予測」など受験生が勤務する会社や所属業界について質問されている。

⑤　受験生個人に関する質問

こちらも，詳しくは第7章で説明するが，個人の経歴や実績，英語力や数学力などのスキルに関して質問されている。

⑥　研究テーマに関する質問

こちらも詳しくは第7章で説明するが，「研究テーマ設定の背景」「研究をすることの意義」などが質問されている。第3章でリサーチ系MBAとして紹介した大学院は，この研究テーマに関しては，さらなる深い質問がなされている。

以上の6つのカテゴリーに関する質問への回答を考えておけば，国内MBAの面接対策は問題ない。具体的な内容の詳細や対策法は，第7章を読んでいただきたい。

国内MBAの面接においては，面接官の印象に残るような回答ができるかがポイントになる。面接官は，ありふれた回答よりも，具体的なストーリーに印象づけられるのである（マーク・コゼンティーノ，2008）。筆者が指導した受験生で印象に残っている方の事例を紹介してみようと思う。受験生の中に障害のある子供を持つ母親がいたが，母として苦労した経験から，障害を持つ人を対象にした起業プランを持っていて，その起業プランについて面接で話したが，その方の苦労話は印象に残っている。また，幼少期に親を亡くし苦労してきた経験から，学生時代に外国の貧困層を救うためのボランティア活動をした方の話も印象に残っている。さらには，学生時代にサーフィンに夢中になり，サーファーとしてプロを目指してきたが，病気になってサーフィンの道を断念し，国内MBA進学を志した方の話も印象に残っている。最後は，父親の会社が数十億円の負債を抱えた状態で事業承継をし，倒産寸前の状況が何年も続いたが，ある新サービスを開始したことが転機になって危機を脱し，今では大きな会社

に成長させた社長がいた。その方の話は人間あきらめなければ何でもできるということを感じさせる感動的な話であった。このような印象に残る話のネタを持っている方は合格の可能性は飛躍的に高まる。このような方々に共通するのは，自分なりの信念を持って生きており，その信念は，多くの人に反対されても決してブレることはない。信念は，魔法にも似た力を持つのである。ちなみに，上記の方々は，全員が第一志望の大学院に合格している。

　しかし，上記のような人の心に響く苦悩を乗り越えてきた経験を持つ人は多く存在するわけではない。それ以外の方々は合格できないかというと，そんなことはない。プロジェクトのリーダーを務めて，難局を乗り越えて社内で認められる存在になった。部署内のメンバーの関係性がギクシャクしていた中で，懇親会やLINEグループを作って，いい雰囲気を作り，メンバー間の関係性が良くなった。海外旅行で見た貧困層の生活に衝撃を受けて，貧困層に向けた社内募金を立ち上げた。といった形で，自分なりの形でいいので，面接官の印象に残るような具体的なストーリーを話すことが重要である。こういったストーリーを話せるかどうかは，その人の生き方が問われているのである。自分なりの信念やビジョンや価値観を持って，それを実現する行動を起こす必要がある。国内MBAを目指す方には，自分なりの信念やビジョンや価値観を持った行動を筆者は期待している。

3　圧迫面接について

　圧迫面接とは，意識的に受験生を威圧して，精神的な圧力を加える面接の手法である。この圧迫面接が，国内MBAの面接でもおこなわれるケースが見られる。そこで，国内MBA受験でおこなわれている圧迫面接について説明する。

3-1　圧迫面接の3つのパターン

　圧迫面接には，3つのパターンがある。「言葉でビシバシ系」「ヘラヘラ意地悪系」「ノーリアクション系」である。以下，1つずつ説明する。

まず「言葉でビシバシ系」である。以下のように，言葉でビシバシ追い詰めてくるパターンである。

「言葉でビシバシ系」の圧迫面接の事例

- 「君みたいな人間は，MBAを出ても活躍はできないよ」
- 「この業界は頭が悪い人が多いんだよね」
- 「そういう姿勢では，社会に必要な人間にはならないよ」
- 「大学時代の成績悪いね」
- 「MBAを出ても，君が考えるキャリア実現は無理だよ」

次は「ヘラヘラ意地悪系」である。十分に理解しやすく説明しているのに，わざわざ「言ってること，理解できない」といった形の言いがかりをつけてくる面接スタイルである。以下のような質問がされている。

「ヘラヘラ意地悪系」の圧迫面接の事例

- 「言ってること理解できないんだけど」
- 「えっ，今のが研究テーマなの」
- 「(過去の実績を説明すると) この程度なら，ここで言うような実績じゃないよね」
- 「それじゃあ，社内の人に信頼されないでしょ」
- 「(年齢を聞かれ，30歳と答えると) まだまだ全然，若いよね。経験足りないでしょ」

最後が「ノーリアクション系」である。これはずっと下を向いていて，ノーリアクションを貫く無言の圧迫面接のことである。言われることは，「ふ〜ん」とか「へぇ〜」とか，とにかく言葉を発しない面接スタイルである。これも筆者が指導した受験生のうち，過去何人かが経験している圧迫面接の形である。

「ノーリアクション系」の圧迫面接の事例

- 「(志望動機を話し終えると) あっ，それだけ」
- 「(研究テーマを説明すると) ふ〜〜〜ん」
- 「(過去の実績を答えると) …………(無言)」
- 「(聞かれたことに答えると) ……(5秒ほどの沈黙の後に) そんなこと書類に書いてあるから言わなくてもわかるよ」
- 質問される→答える→「ふ〜ん」→沈黙→質問される→答える→「ふ〜ん」→沈黙。これが繰り返される。

3-2　圧迫面接の目的

　これら圧迫面接の目的は何なのだろうか。1つは，「ストレス耐性」を見ているのである。ビジネスにおいてストレスはつきものである。人間関係や業績，社会人としての責任感など，ストレスにもいろいろあるが，これらの重圧に耐えられなくなって，病気になったり，キレたり，退職したりするケースが多い。国内MBAを目指す方は，将来経営者になる人である。そういったストレスに耐えられる人でなければならない。そんな「ストレス耐性」があるかどうかを見られているのである。

　2つ目は，「精神力」が見られている。1点目のストレス耐性と重複する部分はあるが，ちょっと叱られただけで挫折しないかという精神力が見られているのである。ビジネスにおいては，失敗や挫折はつきものである。こういった失敗や挫折に対応できる「精神力」があるかどうかが見られているのである。

　3つ目は，「思考意欲」「思考体力」が見られている。「思考意欲」とは，何かあれば本気で考え，自分なりの見解，解決策を考え出そうという意欲のことである。「思考体力」とは，考え続けることができる体力のことである（伊賀，2012）。「言葉でビシバシ系」「ヘラヘラ意地悪系」の圧迫面接は，受験生を意図的に追い詰めることによって，その受験生の「思考意欲」「思考体力」を見ているのである。

3-3　圧迫面接をする側の心理と対処法

　口を開けばイヤミばかり言う恐怖の圧迫面接官であるが，面接官の圧迫はポーズである。本当は面接官は受験生のことが大好きなのである。圧迫で意地悪なことを言いながらも，心の中では，「君なら，この圧迫をはねのけられるぞ。負けるな！　がんばるんだ！」と叫んでいるのである。

　圧迫の目的は，先に説明したとおり，「ストレス耐性」「精神力」「思考意欲」「思考体力」があるかどうかを見るためである。嫌な思いをさせてやろうと考えている面接官はいない。よって圧迫面接への対処法は，寛大な気持ちで

受け止めることである。「君みたいな人間は，MBA を出ても活躍できない」と言われたら，「そうなんですか。自分ではそんなことはないとは思っているんですが。わかっていただけるとうれしいです」といった形で受け止めてしまうことである。そして，おおらかに振る舞うことである。もしくは，圧迫にまったく動じずに，ひたすら「M」になりきり受けまくる方法もある。圧迫された分だけ喜び，マゾモードで受けまくるのである。精神的なタフサを表現するのである。

また，「なぜ，そう思うのか？」を繰り返されるようなビシバシ系の圧迫は，「思考意欲」「思考体力」があることを示すためにも，おおらかな態度で対応しながらも，可能な限り粘り強く回答していただきたい。

やってはいけない対処の仕方は，キレてしまうことである。また，泣いてしまうことも NG である。「ストレス耐性」「精神力」「思考意欲」「思考体力」を試すための演技を面接官はしているわけなので，それを理解していれば，キレることや泣くことはないはずである。筆者の受験指導経験で，キレた方や泣いてしまった方もいるが，やはり不合格になっている。キレたり泣いたりはしてはいけない。圧迫する側の心理を理解しておけば，このような失敗は防げると思う。

第**5**章 国内 MBA の面接で面接官は何を見ているのか？

本章では，筆者の国内 MBA 受験指導から考えられる「面接で何を見られているのか？」という評価基準について 5 つの視点から説明する。そして，最後に，不合格になった場合のその原因について筆者の受験指導経験をもとに説明したいと思う。

面接官が見ている 5 つの点

1　他の学生と順応してやっていけるかという「相性」

面接は受験生と大学院を結ぶお見合いの場である。お見合いでは，生涯を一緒に過ごすパートナーを探すが，国内 MBA の面接では，実際に会って感じた印象から「一緒に学びたい」と思う学生を探す。お見合いも国内 MBA の面接も「理想の人のイメージ」を頭に描きながら話が進められる。そのため，面接官にあなたがともに学んでいる姿を想像させるのが第一歩である。

面接は優秀さやスペックの高さだけで合否が決まるオーディションとは違う。一緒に学ぶ仲間として，校風や他の学生と合うかどうかが重要なポイントになる。経歴部分のスペック的なことを除いた場合，相性が一番重要になる。だか

らこそ，第3章で説明した大学院側の好みを把握する必要があるのである。大学側が求めている学生の属性はどうなのか？　大学の実施している教育内容に学生の目的意識が合致するか？　校風や在校生と一緒に学ぶにふさわしい性格や人間性を持っているか？　などを面接しながら大学側は確認している。

　一方，学生側も，学びたいこと，研究したいこと，自分の性格や人間性などを話す。この話し合いから，大学側，受験生，お互いが相性を確認する場，それが面接である。大学側が相性が合うと判断すれば合格するし，そうでなければ不合格になる。

　個性を出したほうがいいか，という点を受験生からはよく質問される。これを質問される背景には，転職の際の面接では，棘を隠して振る舞ったほうがいいと教えられる場合が多いからである。企業の採用担当というと，人事部や総務部の方である。このような方は，サラリーマンなので，「なんであんな人を採用したのか？」と後から言われることを嫌がる。要するに，採用後も問題がなく物事がスムーズに進むことを優先する。このような前提でおこなわれる面接においては，いきなりストライプのスーツを着ていてはマイナス評価をされる。個性を出すことよりも，社風になじむかという点が重視され，「和を乱しそうにない人」「上司の指示に従いそうな人」「扱いやすそうな人」「目上にどう振る舞うかわかっている人」と見せて突っ込みどころを減らすことが大切だといわれている。棘を隠して従順に働く姿勢を見せれば，面接を突破しやすくなるわけである。

　このような転職面接での常識が国内MBAの面接に当てはまるかどうか，ということであるが，上記の人事担当者や総務担当者がおこなう面接と国内MBAの面接では大きな違いがある。違いは，転職面接では，1次面接，2次面接，最終面接など，何度も面接がおこなわれる。1次面接は，たいてい人事担当者や総務担当者がおこなう。そのために，棘を隠して従順に働く姿勢を見せれば，面接を突破しやすくなる。これが最終面接で役員や社長と面接するとなると，話が違ってくる。「協調性はそれほどないかもしれないが，成果にこだわる姿勢を持ち達成欲求が強い」「ズバズバ言いたいことを言うが，輝く何

かを持っている」というタイプが経営目線では評価されることも多々ある。

　上記のように，転職の場合においては，誰と面接をするかによって，個性を出したほうがいいのか，隠したほうがいいのか，違ってくるのである。

　では，国内 MBA も転職同様に，１次面接，２次面接，最終面接という順番で，何度も面接がおこなわれるのだろうか。それは違う。国内 MBA の面接は１回のみである。国内 MBA では，転職面接でいうところの最終面接がいきなりおこなわれるのである。そのため個性を出しても問題はない。第４章で，「国内 MBA の面接においては，面接官の印象に残るような回答ができるかがポイントになる。面接官は，ありふれた回答よりも，具体的なストーリーに印象づけられるのである」と説明したとおりである。

　とはいっても，めったやたらに個性を出す必要もない。相性が重要であるので，大企業の会社員が学生の大半を占めている大学院の場合は，大企業で働いている中で許容される範囲内で個性を出せばいい。ベンチャー企業の社長や新規事業の担当者などの起業家精神に溢れた学生が多い大学院では，大企業とは違うので，より幅広い範囲で個性を出しても問題はない。筆者の指導経験では，早稲田大学ビジネススクールでは個性的な学生を許容しており，面接で「私は年商が○○億円の会社の社長だ」とか「（どうして○○大学に進学したの？と質問され）モテたいから」とか「私は破壊的なイノベーションを起こすイノベーターである」と答えて合格している方がいる。笑ってしまうような自己陶酔型の回答であるが，これでも合格している。

　ということで，結論としては，国内 MBA の面接は，個性を出しても問題ない。ただし，どの程度の個性を出すべきかは，大学院に在学中の学生の属性や教授の嗜好をもとに判断すべきである，ということである。

2　過去の経歴部分のスペック

　第３章で説明したとおり，大学院選びの際には，「学生の属性」が重要になる。特に，所属企業，年齢，留学生を積極的に受け入れているかという点にお

ける大学側の好みは，事前に確認しておいたほうがいいということはすでに述べた。この点を調べて，自分の属性に似た学生が多くいるということがわかった場合は，属性的な問題はないので，その大学院を志望することになる。

面接で見られている過去の経歴はどんな点かというと，1つは，「年齢，職種，業界」である。2つ目は，「過去のリーダーシップを発揮した経験」である。

2-1　過去の経歴①—年齢，職種，業界

1つ目の「年齢，職種，業界」から説明する。年齢に関しては，50代以降が合格しにくい大学院も一部あるという点は説明したが，職種や業界に関して制限を設けている大学院はない。これはさまざまな職種や業界の方が学生として在学したほうが，多様性のあるディスカッションができ，ディスカッションの質が高まるためである。また，新たな事業のアイデアを考える場合や改革の方向性を決める場合も，多様なバックグラウンドを持つ学生がいたほうが有意義なアイデアや方向性を見出すことができる。そのために，国内 MBA ではバックグラウンドの多様性を重視している。年齢に関しても，幅広い年齢層の方がいたほうが多様性は高まると考えられる。しかし，一部の大学院が，あまりにも若い方だったり，50代以上の年配者を好まなかったりするのは，ディスカッションの質を高めるためだったり，将来性のある若手や中堅を対象に教育を提供したいという大学院側の考えがあると思われる。留学生に関しても，クラスに留学生がいたほうが多様性が高まる効果はある。ただ，留学生の場合は，ディスカッションできるレベルの日本語力があるかどうかが重要になる。有名大学の国内 MBA は，日本人のネイティブ並みの日本語力がなければ合格できない場合が多い。

そして，職種や業界に関して多様性を確保するという点から考えると，受験生の中で，同じような職種や業界の人が多くなると，その職種や業界に属する人の倍率は高くなってしまうのである。過去の経歴という点は，高く評価されるであろう受験生でも不合格になる原因はここにある。同じような職種や業界

の受験生が多くなると，それだけ競争率が上がるため，仮に自分は経歴的に劣っていないと確信しているような受験生でも不合格になるケースがあるのである。こういった事例は，筆者が受験指導をする中で数多く見てきた。これは自分に問題があるというよりも，たまたまそのときの受験では，その職種や業界の受験生が多かったという外部的な要因による不合格であるため，再受験で合格を目指すことをお勧めする。

2-2　過去の経歴②—リーダーシップを発揮した経験

　次に，「過去のリーダーシップを発揮した経験」について説明する。リーダーシップに関しては，伊賀（2012）をもとに考えてみようと思う。伊賀（2012）は，リーダーを成果を出す人と定義している。その上で，リーダーがなすべきタスクを4つあげている。「目標を掲げる」「先頭を走る」「決める」「伝える」の4つである。この4つについて，伊賀（2012）をもとに説明した上で，国内MBAの面接で評価される「過去のリーダーシップを発揮した経験」について考えてみることにする。

　まず，リーダーがなすべき4つのタスクについて伊賀（2012）を引用する。1つ目の「目標を掲げる」から説明する。リーダーに求められるのは，チームが目指すべき成果目標を定義することである。そして，その目標は，メンバーを鼓舞できるものである必要がある。人がつらい環境でも歩き続けられるのは，達成すれば十分に報われる目標が見えているからである。その目標，すなわちゴールをわかりやすい言葉で定義し，メンバー全員に理解できる形にした上で，見せる（共有する）のがリーダーの役割である。

　2つ目は，「先頭を走る」である。先頭を走るリーダーとは，公衆の前に自らをさらし，結果がうまくいかない場合も含めて，そのリスクや責任を引き受ける覚悟があり，結果として，恥をかいたり損をしたりする可能性も受け入れる受容性の高い人なのである。

　3つ目は，「決める」である。決めることができるリーダーとは，たとえ十分な情報が揃っていなくとも，たとえ十分な検討をおこなう時間が足りなくて

も，決めるべきときに自分で決めることができる人である。情報が完全に揃っていない段階で決断をすることはリスクが伴うが，このリスクを取り，結果責任を取るのがリーダーの役目である。「十分な検討時間がなかった」とか「必要な情報が揃っていない」という言い訳をしていて，決断を先延ばしにする人はリーダー失格である。

最後が，「伝える」である。リーダーの大切な仕事はコミュニケーションである。明示的という意味で，言葉の力は重要である。家族などの極めて近い人を少人数だけ率いるのなら，言葉ではなく態度で示すなり，背中で教えることも可能である。しかし，一定人数以上の組織を率いる場合や，多様な価値観を持つ人が混在している場合，また，成果を出すことが極めて困難な状況では，言葉によって人を動かすことは必須なのである。

以上，伊賀（2012）を引用して，リーダーがなすべきタスクについて説明したが，このようなリーダーシップ経験が問われている。先に，「国内 MBA の面接においては，面接官の印象に残るような回答ができるかがポイントになる。面接官は，ありふれた回答よりも，具体的なストーリーに印象づけられるのである（マーク・コゼンティーノ，2008）」と説明したが，まさにリーダーとして上記の 4 つのタスクを発揮した経験があるならば，これに該当する。

ただ，第 1 章で説明したとおり，日本の組織では，職能主義が当たり前になっている現状があり，若手がいきなりこの 4 つのタスクをおこなうことができる環境は整っていない。20 代〜30 代前半の方は，4 つすべてのタスクを実行していなくとも，1 つでも 2 つでもいいので該当する経験を持つことが必要である。そんな大掛かりなリーダー経験でなくとも問題はない。部署内の 5 人を対象に「目標を掲げる」「先頭を走る」「伝える」というリーダーシップを発揮する経験をし，「決める」という点は上司におこなってもらったということでもかまわない。自分の過去の実務経験を棚卸しして，リーダー経験をアピールすると合格の可能性は高まる。40 代以上の方は，上記 4 つのタスクすべてを経験している人である必要がある。日本の職能主義の中では，40 代以上となれば，「目標を掲げる」「先頭を走る」「決める」「伝える」の 4 つを経験する機会は数

多くあると思われる。その経験を面接ではアピールするといいと思う。

　ただ，注意していただきたい点は，成功体験でなくとも問題ないということである。起業したがうまくいかなくて事業を清算した，人事制度改革を主導したが思うような結果が出ずにそのプロジェクトは中止になった，ということでも問題はない。失敗したとしても，挑戦したこと，そして失敗から学ぶことが重要なのである。実際に筆者が指導した受験生で，起業したが失敗したとか，清算した経験を持つ方がいたし，プロジェクトが思うような結果が出なかった方もいたが，その経験を面接で話して合格している。成功・失敗に関係なく，リーダーシップ経験をアピールすればいいのである。このリーダーシップを発揮した経験も合否を左右する大きな要因である。

3　本気で志望しているかという「志望度」

　1つ目として説明した「相性」，2つ目として説明した「過去の経歴」は，受験生の側でコントロールすることは難しい要因である。過去を偽ることはできないし，相性は会ってみなければわからない場合が多い。ただ，3つ目の「本気で志望しているかという『志望度』」に関しては，自分で一生懸命考えれば考えるほどアピール度は高くなる。そのため，この志望度に関しては，徹底的に考えてから面接に臨んでいただきたい。

　志望度に関しては，本気で国内MBAを志望しているかという志望動機，そして数ある国内MBAの中で，どうして○○大学のMBAを志望したのかという学校選択理由の2つが重要である。この志望度は，受験生から大学院側へのラブレターである。男性が女性に告白するとき，女性が男性に告白するとき，どちらの場合にしても，「あなたしかいない。あなたを愛しています」という気持ちがなければ，告白は成功しない。国内MBAの面接も同様である。「貴校以外のMBAは考えられない。貴校だけしか考えていない」ということが大学院側に伝わるならば，合格の可能性は高まるのである。

　この志望度を伝えるための面接での回答の仕方については，第7章で詳しく

説明するので，そちらをお読みいただき，志望度を高める準備をしていただきたい。

4　自分中心ではなく「貢献」という意識があるか

　国内 MBA だけでなく，就職・転職の面接などでも求められている点だと思うが，「自分中心ではなく，他者への貢献」という点が見られている。その理由は，国内 MBA の授業はグループワークやディスカッションが中心だからである。ディスカッションをする際に貢献できるのは，先に説明した実務経験による強みを持っていることが重要である。これは他の学生にはない職種での経験だったり，他の学生とは違った業界を知っていることによる貢献である。こういった過去の経歴による貢献も重要だが，グループメンバーへの思いやりという意味での他者への貢献意欲があるかどうかも国内 MBA の面接では見られている。グループのメンバーの中には，苦手な分野があったり，実務経験が短かったりするなど，グループワークやディスカッションへ参加できない方もいる。そういった方にも気を配り，面倒を見るような姿勢が重要である。この姿勢というのは，その方の生き方や信念に根ざしているものである。こういった生き方や信念を持っている方というのは，社会への貢献意欲が高い。高齢者，生活保護が必要な人に対する弱者保護の姿勢，世界的に問題になっている貧困や飢餓を解決しようとする姿勢，持続可能な成長を実現するための環境への配慮，といった問題意識の高さを持つのが，利己主義ではなく利他主義の考えを持つ方である。国内 MBA に進学する方は，将来の経営者候補であるため，社会問題などの意識が高く，社会への貢献意欲の高さが求められているのである。そういった意味で，自分中心ではなく「貢献」という意識があるかが面接で見られているのである。

　第 4 章では，筆者が指導した受験生で印象に残っている方の事例を紹介したが，それは，自分中心ではなく「貢献」という意識を持っている事例である。ここで改めて紹介してみる。障害のある子供を持つ母親がいたが，母としての

苦労から，障害を持つ人を対象にした起業プランを持っていて，その起業プランについて面接で話した方がいた。その方は，自分の子供だけでなく，社会全体の障害を持つ方の役に立ちたいという想いが起業へのパワーになっていた。また，幼少期に親を亡くし苦労してきた経験から学生時代に外国の貧困層を救うためのボランティア活動をした方もいたが，その方も幼少期の経験がボランティア活動をするパワーの源泉になっていた。まさに利他主義ゆえに合格した事例である。

5　コミュニケーション能力

5-1　論理的に話す力

　国内MBAの面接では，短時間に言いたいことが伝えられる人間だと優秀だと判断される。何を言いたいのかわからない話を長々する方は不合格になる可能性が高まる。では，どのようなコミュニケーション能力を身につければいいのか，以下に説明する。

　それは，最初に結論を述べて，その後に，根拠，具体的な説明に入る論理的な話し方を身につけることである。わかりやすく説明するために，事例で説明することにする。

　例えば，本書の第1章で取り上げた「職能主義」に関して，面接で，「日本の職能主義についてどう思うか？」と質問されたとする。この場合の回答はどうするだろうか。最初に結論を述べて，その後に，根拠，具体的な説明に入る論理的な話し方を用いて回答するとどうなるか，考えていただきたい。以下では，理想的な回答例を説明する。

　最初に答えるのは結論であるので，

「私は日本の職能主義は，問題があると思います。どんな点で問題なのかとい

うと，創造性の欠如を生むからです。」

という回答になる。結論である日本の職能主義についてどう考えるか，そして
どんな問題があるのかを端的に答えた理想的な回答である。
　このように回答すると，面接官は次に，

「どうして，職能主義は，創造性の欠如を生むの？」

と質問してくるだろう。この会話のキャッチボールができることが面接のポイ
ントであり，それを実現するために，簡潔な回答が必要になるのである。
　それに対して，受験生は，以下のように，職能主義とは何かを具体的かつ簡
潔に説明する。

「職能主義とは，その人が仕事をする上で保有し発揮している『能力』をベー
スに評価する仕組みです。『勤続年数が長くなるほど，それだけ能力も高ま
る』という前提によって成り立っています。ということは，結局，年功的な評
価になるのです。」

　これに対して，面接官は，

「なるほど。では，年功的だとどうして創造性が発揮できないの？」

という質問を再度してくることになる。
　それに対して，受験生は以下のように，職能主義と創造性の関係性について，
具体的な回答をする。

「課長を中心とした職能主義では，『何を言ったかではなく，誰が言ったか』
が重視されます。すなわち，目上の人には反論できず，仮に創造的なアイデア

があったとしても，上司に気に入られない可能性があるものは，発言しないようになってしまうのです。だから，職能主義では，創造性が欠如するのです。」

　このように答えると，面接官は納得する。

　という形で，面接官とキャッチボールができるように，結論を最初に簡潔に述べて，その後は，結論の根拠や具体的な説明を簡潔に述べるのである。そうすることによって，会話のやり取りが成立して，会話が弾み面接の時間を楽しむことができる。

　では，最初に結論を述べずに，長々話す NG 事例も紹介しよう。以下をご覧いただければわかると思うが，面接官との会話のキャッチボールがないので，面接官はただ聞いているだけの退屈な時間になってしまう。

「職能主義とは，その人が仕事をする上で保有し発揮している『能力』をベースに評価する仕組みです。『勤続年数が長くなるほど，それだけ能力も高まる』という前提によって成り立っています。ということは，結局，年功的な評価になるのです。課長を中心とした職能主義では，『何を言ったかではなく，誰が言ったか』が重視されます。すなわち，目上の人には反論できず，仮に創造的なアイデアがあったとしても，上司に気に入られない可能性があるものは，発言しないようになってしまうのです。だから，職能主義では，創造性が欠如するのです。そこが職能主義の問題だと考えます。」

　この回答をされたら面接官も最後まで回答を聞かないと，受験者が「日本の職能主義についてどう思うか？」について知ることはできない。最後まで聞いてやっと面接官に結論が伝わるのである。これでは，面接官は退屈である。最初に結論を述べることによって，面接官にいち早く結論を伝えることができるし，会話のキャッチボールを楽しむこともできるのである。

国内 MBA の面接前には，「最初に結論を述べて，その後に，根拠，具体的な説明に入る」というスタイルの論理的な話し方を身につけるように努力していただきたい。

5 - 2　非言語コミュニケーション能力

　ここまでの説明は，コミュニケーション能力についてである。コミュニケーション能力とは会話によるコミュニケーションである。しかし，コミュニケーションには会話以外の非言語コミュニケーションというものがある。非言語コミュニケーションは，会話や文字以外のコミュニケーションを指す。例えば，ボディー・ランゲージは身体部位の動作で相手に伝える方法である。また，服装や身だしなみも非言語コミュニケーションに含まれる。

　筆者は早稲田大学ビジネススクールの修士論文で「motivating language（動機付け言語）」に関する研究をおこなった。どんな言語を使えば，人のやる気が高まるのかを研究した。その関係で，非言語コミュニケーションに関する学術的な知識は豊富にある。学術的にも非言語コミュニケーションは非常に有効だといわれている。国内 MBA の面接においても，非言語コミュニケーションを用いることで合格の可能性が高まると思うので，ここで紹介する。

　身振り手振りなどの非言語コミュニケーションはどのような効果をもたらすのだろうか。効果の1つ目は，言葉を補完することである。情熱的な自分を表現したい場合に，言葉だけでなく，身振り手振りによる非言語コミュニケーションによって，言葉では伝えきれない部分を補うことができる。リーダーシップが問われる国内 MBA の面接では，身振り手振りを交えてエネルギッシュに話すことはプラスの効果をもたらすであろう。

　2つ目は，良好な信頼できる人物という印象を与えることができることである。適切なタイミングでの相槌や頷き，笑顔での反応などは相手に安心感を与え，信頼できる人物であるという印象を持たれるであろう。

　以上，何を話すかという会話の内容だけでなく，どのように話すかという非言語のコミュニケーションにも気を配ることがプラスの効果を生むのである。

6　面接で不合格になった場合の原因

本章の最後に，面接で不合格になった場合の原因について説明する。これは筆者が受験指導をする中で，最も多く相談される点である。「不合格になったが，何が原因かわからない」「面接での受け答えはしっかりできたのに不合格になったのはなぜか」「来年，もう一度受験すれば合格するか」といった点を数多くの受験生から質問されてきた。

筆者もその受験生がなぜ不合格になったのかを大学院に聞いたわけではないので，明確な理由はわからないが，多くの受験生から相談を受けてきた中で一定の不合格の法則性みたいなものが見えてきたので，それを説明する。

1つ目の原因は，本章や第3章で説明した「所属企業と年齢」である。大学院によっては大企業を好む場合もあったり，若手や中堅のビジネスマンを好む大学院もある。中小零細企業やベンチャー企業に所属していたり，年齢が高かったりすることで，そもそも大学院が求める人材に合致していないために不合格になっているのである。こういった情報は大学院側は発信しないので，なかなか気づきにくいが，筆者の指導経験上は少なからずこういった原因で不合格になっている人がいる。

2つ目は，本章の「過去の経歴①——年齢，職種，業界」で説明したとおり，年齢，職種，業界など多様性を考慮して合格者を決める大学院が多いので，同じような職種や業界の受験生が多くなると，その職種や業界に属する人の倍率は高くなり不合格になる場合が多い。これも筆者は過去に経験している。ある時期に，大手の広告代理店に勤務する方がこぞって国内MBAへの進学を考えた時期があった。また別のある時期には，ジェネリック医薬品の普及で大手の製薬会社の社員が将来を危惧して国内MBAを一斉に目指した時期があった。このようにある業界で国内MBA進学を考える人が増えると，その業界の受験者が多くなり，多様性を考慮して選抜する国内MBAでは，その業界出身者の倍率が上がるのである。そのために，不合格になる人が出てくる。これは受験

時期の問題であり，来年受験し，その業界に属する人が少なくなった場合は合格できるので再受験をするといいと思う。

　3つ目は，面接官との相性である。国内 MBA の面接は先にお伝えしたとおり，お見合いと同じである。そのため，面接官にあなたがともに学んでいる姿を想像させるのが第一歩であるが，相性が悪く，このイメージを大学側が持てなかったために不合格になったのである。この相性ばかりはどうにもならない。こちらでコントロールできない要因であるので，その場合は，次回その大学院を受験する際には，相性のいい教授と面接できる機会を祈って待つしかない。

　以上のように，受験生の能力が足りないとか，出願書類の内容に問題があったとか，面接内容に問題があった，というような能力的な面で不合格になったわけではないケースが国内 MBA の場合は多く見られる。

　本章の最後に読者の皆さんにお伝えしたいことは，「面接官も人材評価のプロではない」という点である。優れたポテンシャルを持つ受験生を不合格にしてしまうこともある。通常，国内 MBA の面接をするのは教授である。教授は普段は研究をすることや授業をすることが仕事である。面接という短い時間で人材を見極める判断力に優れているかというとそういうわけではないのである。つまり，受験生を正しく評価できるとは言い切れないのである。仮に不合格になって，縁がなかったとしても，皆さんの能力が低いわけではないし，皆さんが否定されたわけでもないのである。なので，「あの国内 MBA は見る目がないなぁ〜」くらいに考えておけばいいと筆者は考えている。有名大学ではなくても，知名度が低くても，皆さんに合格通知をくれた国内 MBA に進学すればいいのである。国内 MBA も進学してみたら，住めば都ということが十分ある。ぜひ合格した国内 MBA に進学していただきたい。

第6章 国内 MBA の面接で使える フレームワークと経営理論

　本章では，国内 MBA の面接で使えるフレームワークと経営理論を紹介する。国内 MBA の面接では，「あなたの会社の競合他社と比較した場合の強みは何？」とか「あなたの会社の戦略はどういうものなの？」といった質問をされる。こういった質問に答えるためには，国内 MBA で学ぶフレームワークや経営理論を知っておくと回答がしやすい。そこで，国内 MBA で学ぶフレームワークや経営理論の中で，面接の際に知っておくと便利なものを，本章でいくつか紹介する。皆さんは，ここで紹介するフレームワークや経営理論を面接の際に使いこなせるようにしていただきたい。ここで紹介するフレームワークや経営理論は面接だけでなく，皆さんの日々の仕事でも役立つ武器となるはずである。そういう意味で単なる受験勉強ではなく，実務に役立つ経営学の勉強と位置づけて真剣に学んでいただきたい。

1　3C分析とマクロ環境分析

1-1　3C分析

　3C分析というのは，「3つのCを分析する」ということで，市場（customer），競合企業（competitor），自社（company）を分析することを意味している。市場，競合企業，自社の3つを分析することによって，自社が競争優位を築くことができる競争戦略について考えるのである。自社について分析することは内部分析に該当し，競合企業や市場について分析することは外部環境分析に該当する。具体的に，3つのCについて何を分析するのかというと，自社（company）に関しては，自社の戦略はどのようなものか，という本章の

3C分析とマクロ環境分析

市場分析
customer

競合分析
competitor

自社分析
company

マクロ環境分析
macro environment

2-1で説明するポジショニングの分析をする。次に，自社の戦略を実行するにあたって他社が模倣できない経営資源を保有しているか，その経営資源は何か，という本章の2-3で説明するリソースの分析をする。また，戦略上で不足している経営資源はあるのか，売上や市場シェアはどのくらいで，業界内では自社はどのくらいの水準に位置しているのか，といった点に関して分析する。

　次が，競合企業（competitor）に関してだが，競合企業の戦略はどのようなものか，というポジショニングの分析，その戦略を実行するにあたって自社が模倣できない経営資源は何か，というリソースの分析をする。また，戦略上で不足している経営資源はあるのか，売上や市場シェアはどのくらいで，業界内ではそのライバル企業はどのくらいの水準に位置しているのか，といった点を分析する。

　最後に，市場（customer）に関しては，市場の成長性，市場のニーズの変化，既存商品に対する問題点や不満などに関する分析をおこなう。

　以上の3つの分析をすることで，自社が，市場のニーズを満たすような商品・サービスを提供できる強みを持っているのか，持っている場合には，その強みは競合企業が模倣できないものであるのか，それともすぐに模倣できるものなのか，すぐに模倣された場合には，どのように対処するのか，といった点を明らかにすることができるのである。よって，3C分析は，自社の今後の戦略を考える際には，非常に有意義なツールとなるのである。

なお，戦略はどのようなものか，というポジショニングの分析は，本章の「2-1　ポジショニング・ビュー」で，戦略を実行するにあたって他社が模倣できない経営資源を保有しているか，というリソースの分析は，本章の「2-3　リソース・ベースト・ビュー」で説明するので，そちらをお読みいただき，分析法の詳細を把握していただきたい。

1-2　マクロ環境分析

マクロ環境分析とは，「Politics（政治）」「Economy（経済）」「Society（社会）」「Technology（技術）」の4つを分析する手法である。4つの頭文字を取って PEST 分析と呼んでいる。

マクロ環境分析：PEST 分析

```
ビジネスに影響を      政治           ビジネスを規制する
与える技術動向    （Political/Legal）    法律や政治動向など

技術                             経済
（Technological）   業界環境    （Economical）

人口動態，価値観，     社会         経済水準，所得変化，
流行，習慣など   （Social/Cultural）    為替，金利など
```

では，マクロ環境分析について説明する。まずは，政治である。これはビジネスを規制する法律や政治の動向についての分析である。法律という点で筆者が頭に浮かぶのは，消費税率のアップである。8％から10％に消費税が上がり，会社の経営者である筆者は消費が冷え込まないか心配した。実際に，消費増税によって，市場の動きは鈍くなってしまった。政治の動向というのは，例えば，2021年に菅首相が「2050年に二酸化炭素の排出量を実質ゼロにする」と宣言したことである。そしてそのロードマップといえる「2050年カーボンニュートラ

ルに伴うグリーン成長戦略」を経済産業省が中心となって策定した。これに経済界・産業界も大きく反応し，日本全体で脱炭素に向けた動きが加速している。環境にはいいことだが，自動車業界の方々には，大きな影響を与えることなので，自動車業界の方は深刻に受け止めたと思われる。

　次に，経済である。経済的な影響として最も衝撃だったのは，コロナ禍での自粛要請である。飲食店，旅行業界，ホテル業界，運輸交通業などに大きな損失を発生させた。筆者の友人は，飲食店を経営している方もいるが，何人かはお店を閉店したり，縮小したりしている。

　3つ目が，技術である。技術的な影響として最も印象に残っているのが，こちらもコロナ禍での遠隔ツールの開発・普及である。コロナ禍で，半ば強引にリモートワークを導入した企業が増えた。その結果，技術開発に拍車がかかったのが遠隔ツールである。Zoom や Google Meet などのツールが流行し，LINE にも画面共有機能が搭載されるなど，テクノロジーが進化した。筆者も毎日 Zoom ミーティングを実施しているが，これは新型コロナウイルス感染症が流行したがゆえの結果である。新型コロナウイルス感染症は大きな災害であるが，技術の開発・普及の機会としては，大きなビジネスチャンスであり，変革の機会でもある。

　最後が，社会である。社会とは，社会環境や消費者のライフスタイルの変化である。こちらも繰り返しであるが，印象的なのは，コロナ禍での消費者のライフスタイルの変化である。「STAY HOME」という合い言葉がトレンドになり，ソーシャルディスタンスを取ってのコミュニケーションや，テイクアウトでの食事，リモートワークでの仕事など，対面を避ける「新しい行動様式」が広まっている。ウーバーイーツなど使ったこともなかった筆者が頻繁に使うようになったり，マクドナルドの宅配サービスを頻繁に利用するようになった。

　以上，4つのキーワードについて説明してきたが，この4つの要因を分析することによって，自社や自社が属する業界への影響を分析するのである。

　国内 MBA の面接では，「あなたの会社が属する業界の現状や将来性について話してください」とか「あなたの会社や業界に起きている外部環境の変化

は？」といった質問がされることがあるので，その際には，ここで説明した4つの視点からマクロ環境分析をした上で，回答するといいと思う。面接の回答の仕方の詳しい内容は，第7章で説明する。

2 競争戦略論

競争戦略とは，「他社との違いを作ること」である。業界内の競争がある中で，競合他社と比較して，自社が業界平均水準以上の利益をあげることができているとしたら，それは競合他社とは何らかの「違い」があるということを意味している。

他社との違いを考えるときに，2つの異なったタイプの違いがある。この2つの異なったタイプの違いについて，一橋大学大学院国際企業戦略専攻の楠木建教授の著書『ストーリーとしての競争戦略』の内容を要約しながら説明する。

読者の皆さんの身近な人とご自身の違いは何か？　例えば，身長とか，性別とか，年齢とか，体重とか，職業とか，趣味とか，さまざまな違いが見つかる。では，これらの違いを，何らかの切り口で2つのグループに分けるとする。どんな切り口が思いつくだろうか。ここで注目する切り口は，「程度の違い」と「種類の違い」という分類である。程度の違いというのは，その違いを指し示す尺度なり物差しがあるというタイプの違いである。先の例の中では，身長，年齢，体重である。これらの違いに共通するのは，その背後に何らかの物差しがあるということである。2つ目のグループは，「種類の違い」である。このグループには，性別，職業，趣味が含まれる。種類の違いには，それを指し示す物差しがない。年齢のように順に大きくなるという尺度がないのである（楠木，2010）。

戦略論を考える際に，「程度の違い」と「種類の違い」という分類は重要で，「種類の違い」を作る戦略論をポジショニング・ビューといい，「程度の違い」を作る戦略論をリソース・ベースト・ビューという。

2–1　ポジショニング・ビュー

　ポジショニングとは，「位置取り」のことである。ポジショニング・ビューにおいて，戦略とは企業を取り巻く競争環境の中で，「他社と違うところに自社を位置づけること」である。簡単にいうと，「他社と違ったことをする」，これがポジショニング・ビューの考える戦略の源泉である（楠木，2010）。

　他社と違ったことをしている事例を紹介する。1つ目は，筆者もよく利用しているZOZOTOWNである。ZOZOTOWNはECモールだが，既存のECモールであるAmazonや楽天やヤフーショッピングとは違うことをしている。Amazonや楽天やヤフーショッピングなどの既存のECモールが，さまざまな商品を扱っている総合ECモールであることに対して，ZOZOTOWNはあくまでもファッションに特化したECモールである。すべての商品を扱おうとせず，ファッションに特化して，Amazonや楽天やヤフーショッピングとは違ったことをしている。

　もう1つ，事例を紹介しよう。こちらもアパレルブランドのワークマンである。ワークマンは，「職人向けの作業服」のみを扱う企業だった。近年，職人向けの作業服で培ったノウハウを用いて，アウトドアやスポーツ用品市場に進出したのである。コロナ禍の影響もあり，3密を避けられる屋外での活動をする人々の増加もあり，見事に成功した。その成功の背景には，ポジショニングによる他社との違いを追求したワークマンならではの発想があった。アウトドアやスポーツ用品は海外にも展開するナイキやアディダスなどの有名ブランドがすでに存在し新規参入は難しいと考えられる。しかし，市場を細かく分析すると，ナイキやアディダスなどの有名ブランドは，「高機能かつ高価格」というポジショニングにいることが見えてきた。ナイキやアディダスなどの有名ブランドは長い間親しみを持って接していることもあり「高価格」という印象を持たない方が多いのである。しかし，ユニクロやH&Mなどファストファッションが一大ブームになっている既存のファッション業界と比較すれば，アウトドアやスポーツ業界の商品は高価格となっている現状があったのである。そ

して，アウトドアやスポーツ商品市場において，高機能で低価格という独自の
ポジショニングを確立したのである。ワークマンは，作業服時代から機能性や
低価格にこだわって製品を作ってきたため，その成果をアウトドアやスポーツ
用品としても十分に展開していくことができたのである。

　以上，ポジショニングに関して説明してきたが，「何をやり，何をやらない
か」という選択と集中を明確におこなうのがポジショニング・ビューの考え方
である。ZOZOTOWN は EC モールでもファッションに特化し，他はやって
いない。ワークマンも作業着やアウトドア，スポーツ用のファッションに特化
し，他はやっていない。企業が業界内で競争優位を築くには，業界内で独自の
ポジショニングを確立することが必要ということを理解していただけたと思う。
国内 MBA の面接で，あなたの会社はライバル企業と何が違うのか？　とか，
あなたの会社の優位性は何か？　とか，あなたの会社のライバルと比較して何
が劣っているか？　と聞かれた場合には，ここで説明したポジショニングの理
論を用いて，自社を分析した上で回答すると的確な回答ができるはずである。

2-2　3つの戦略

　ここではポジショニング・ビューのフレームワークの1つであるマイケル・
E. ポーターの「3つの戦略」について説明する。3つの戦略とは，コスト・
リーダーシップ戦略，差別化戦略，集中戦略である。このうち，集中戦略は，
コスト集中戦略と差別化集中戦略の2つに分類される。図示すると，次ページ
のようになる。

　3つの戦略のフレームワークは，縦軸に，競争の範囲として，ターゲットを
広くするか，狭くするかで分類する。ターゲットの幅を広くするということは，
老若男女すべての人をターゲットに商品・サービスを売り出すことであり，
ターゲットを狭くするというのは，特定の人だけ（例えば，高収入で都会に住
む人）をターゲットに商品・サービスを売り出すということである。

　横軸は，競争優位の源泉を，低コストにするか，差別化にするかで分類する。
低コストとは，「同じ商品を提供するなら，安く提供できるほうが競争に勝利

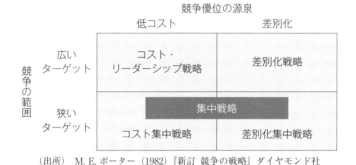

3つの戦略

競争優位の源泉

		低コスト	差別化
競争の範囲	広いターゲット	コスト・リーダーシップ戦略	差別化戦略
	狭いターゲット	集中戦略	
		コスト集中戦略	差別化集中戦略

(出所) M. E. ポーター (1982)『新訂 競争の戦略』ダイヤモンド社

する」という考え方であり，差別化とは，「多少価格は高くても，それ以上に価値があるものを提供すれば競争に勝利する」という考え方である。

2-2-1　コスト・リーダーシップ戦略

では，3つの戦略を1つずつ説明していく。まずは，コスト・リーダーシップ戦略である。これは低コストを実現して，価格も安く抑えることで，ライバル企業に勝つ戦略である。低コストを実現するには，どうしたらいいのであろうか。それは規模を大きくして，大量生産することである。規模が大きくなると，1つの製品を製造するにあたってかかる企業の固定費が安くなるのである。これを経営学用語で，規模の経済性と呼んでいる。どうして，規模が大きくなると，1つの製品を製造するにあたってかかる企業の固定費が安くなるのか。その論理を説明してみよう。

例えば，ある企業で商品を製造するために大規模な設備を1,000万円かけて導入したとする。A社は規模が小さいので，1か月に100個しか製造しないとする。B社は規模が大きいので，1か月に10,000個製造するとする。では，新たに導入した設備の製品1個当たりのコストはA社とB社では，それぞれいくらになっているだろうか。読者の皆さん，計算してみよう。

A社では，1,000万円の設備を使って月間100個製造する。

ということは，

1,000万円÷100個＝10万円

である。

要するに，規模が小さいA社は，製品1個作るのに，10万円のコストがかかっているのである。

B社では，1,000万円の設備を使って月間10,000個製造する。

ということは，

1,000万円÷10,000個＝0.1万円

すなわち1,000円である。

要するに，規模が大きいB社は，製品1個作るのに，1,000円のコストがかかっているのである。

このように，規模が大きくなると，製造コストは安くなるのである。

以上の説明で，規模が大きい会社ほど低コストが実現できることが理解できたと思う。仮に，まったく商品が同じであった場合に，同じ価格で販売したとしたならば，規模が大きい会社のほうが儲けが大きくなることを意味している（他のコストが同じだとした場合であるが）。

ということで規模が大きい会社がコスト競争には勝利することがおわかりいただけたと思う。日本企業は他の会社と同じことをするのを好む傾向がある。ただ，注意する必要があるのは，ライバル企業のほうが規模が大きかった場合

は，コスト面で勝てないために，ライバル企業の製品よりも安い価格で販売することはできない。仮にライバル企業よりも安い価格で販売した場合は，販売すればするほど赤字が積み重なっていくことを意味する。挙げ句の果ては倒産である。

　自社の戦略を考える際は，自社の規模の経済性を分析して，ライバルにコスト面で勝てるかをしっかり分析する必要がある。これをせずに安易に競合他社のマネをしていても勝ち目はないのである。

　コスト・リーダーシップ戦略を用いて優位性を築いている企業に，ユニクロがある。ユニクロは世界でカジュアル衣料を製造販売している企業であるため，規模は大きい。この規模の大きさを武器に規模の経済性を機能させて，低価格を実現している。ただ，ユニクロの競争優位の源泉は，この規模の経済性によるコスト低減だけではない。垂直統合というビジネスシステムを採用しており，そもそものビジネスモデルが，他のアパレルメーカーとは異なるのである。この点に関しては，別の機会に説明することにする。

2−2−2　差別化戦略

　差別化戦略とは，顧客が認知する他社の製品・サービスの価値に対して，自社の製品・サービスの認知上の価値を増加させることである。注意すべき点は，差別化戦略が「顧客の認知上の価値」だということである。自社がいくら価値があると主張しても，顧客が認知できなければ意味がないということである。

　では，顧客の認知上の価値を増加させるためには何が必要なのだろうか。学術的には，いろいろな要因が提示されているが，ここでは「製品の特徴」と「評判（ブランド）」の2つについて説明する。

　まずは，製品の特徴である。これは機能的な特徴と見た目の特徴に分けられる。機能的な特徴という点であげられるのが，マットレスのエアウィーヴである。筆者も愛用しているが，体の動きにスムーズにマットレスパッドが反応するため寝返りが打ちやすいという特徴がある。また，マットレスパッドの中のエアファイバーは90％以上が空気のため，通気性がバツグンで蒸れにくい上に，

そのまま水洗いできるので，いつも清潔感を保った状態で使える。

　見た目の特徴というのは，ダイソンの掃除機である。見た目のデザインは掃除機とは思えないオシャレさである。ダイソンの掃除機以外にも，デザイン的な優位性を発揮している商品は数多く存在する。フェラーリやランボルギーニの車体，アップルのiPhoneである。特にアップルのiPhoneをはじめとする製品ラインナップはシンプルでありながら洗練された製品自体のデザインはもちろん，パッケージにまでこだわっている。

　機能にしろ，見た目のデザインにしろ，上記の例は，顧客の認知上の価値を増加させている例である。

　次が評判（ブランド）である。同じような機能の商品でも，ブランド品は，持っていることによる気分の向上など機能的価値ではない情緒的価値を生み出すことによって，顧客の認知上の価値の増加につながっている。代表的な製品は，デザインによる差別化でも紹介したアップルのiPhoneなどの一連の製品である。携帯電話やスマートフォンは通話やLINEによるコミュニケーション，PayPayなどの支払機能などの機能面を満たせていれば，どんな製品でも問題はない。しかし，多くの日本人がアップルの製品を持っている。アップルの新製品が発売される日にはアップルストアはもとより，各地の家電量販店に，熱狂的なファンが列をなす。アップルのブランド構築の裏には，ユーザーの感性に訴えかけるデザインと，考え抜かれたマーケティング戦略がある。ここでは紙幅の都合上，アップルのマーケティング戦略までは説明しないが，ぜひ皆さんはアップルのマーケティング戦略を研究していただきたい。また，アップルは製品だけではなく，先に説明したとおり，パッケージ（包装）デザインにもこだわりを見せ，アップル製品を取得すること自体に高揚感を持たせる演出にも成功している。これはアップルの製品を持っていることによる気分の向上，という情緒的価値の創出に成功しているのである。アップルの一連の製品は，ブランドという価値を通して，顧客の認知上の価値を増加させている例である。

　なお，ブランドに関しては，次項の「リソース・ベースト・ビュー」で詳しく説明しているので，そちらをお読みいただきたい。

2-2-3 集中戦略

　集中戦略とは，有限である経営資源を分散させることなく，特定のターゲットに集中し，低コストまたは差別化によって競争優位を築いていく戦略である。特定のターゲットを決めるという点が，コスト・リーダーシップ戦略，差別化戦略とは異なるが，それ以外の戦うための方法は同じである。コスト集中戦略は，特定のターゲットに集中して，低コストで商品・サービスを提供することである。差別化集中戦略は，特定のターゲットに集中して，顧客が認知する自社の製品・サービスの認知上の価値を増加させることである。

　コスト集中戦略のわかりやすい事例として，1,000円カットのQBハウスがある。従来の理髪店は，髪を切る以外に，髭剃り，マッサージ，シャンプー，セットなど高付加価値のサービスを提供していた。これに対して，QBハウスは，髪を10分で切る，というサービスだけに特化した。髭剃り，マッサージ，シャンプー，セットなどはおこなわないのである。この低コストサービスのターゲットは特定の人である。筆者のようなヘアスタイルにこだわる人，髪型にオシャレ感覚を求める人はターゲットではない。忙しいサラリーマンで髪型やファッションにこだわらない人がターゲットなのである。

　次に差別化集中戦略の事例としてエルメスをあげる。バッグというのは，機能的な面だけを考えると自分の持ち物を入れて持ち歩ければそれでOKである。ただ，エルメスのバッグを購入する人は，この機能的な価値だけ求めているわけでない。持っていることによる自身の満足感，充実感など機能ではない情緒的な価値を求めているのである。エルメスのバーキンはバッグが100万円以上する。中には1,000万円を超えるものもある。単に持ち運びのためだけに100万円以上を払う人はいないだろう。バッグに情緒的価値を求める一部の顧客をターゲットとしているのである。一部のターゲット顧客の認知上の価値を増加させている例である。

　以上，「3つの戦略」について説明したが，マイケル・E.ポーターのフレームワークには，国内MBAの面接で知っておいたほうがいいものが，もう1つ

ある。それは業界の収益性を分析するフレームワークであるファイブ・フォース（5つの競争要因）分析である。ファイブ・フォース（5つの競争要因）分析は，業界分析のフレームワークで，この業界は儲かるとか，この業界は儲からないといった業界の収益性を5つの要因で分析するものである。皆さんは意外と気づかないかもしれないが，業界によって利益は大きく違うのである。起業する場合は，その起業する業界の収益性を分析してから起業すべきだし，就職するならその会社が属する業界の収益性を分析してから就職すべきである。この業界を選択すべき，という点に関しても，一橋大学大学院国際企業戦略専攻の楠木建教授の著書『ストーリーとしての競争戦略』にわかりやすい記述があったので，そちらを筆者なりに引用しながら説明しようと思う。

　元プロ野球の松井秀喜選手は，メジャーリーグですばらしい成功を収めた。名声や人気はもちろん，収入も大変な額にのぼるだろう。なぜ松井選手は高額所得者になれたのだろうか。多くの人は単純に「選手として優秀だから」と答えるだろう。その優秀さの中身に立ち入って，「長打力がある」「勝負強い」「バッティングの技術がすごい」「謙虚で誠実な人柄が日本人らしくていい」と考える人もいるだろう。しかし，業界の競争構造を利益の源泉として重視する考え方からすれば，そうではない。「数多くのプロスポーツの中で，野球を選んだから」というのが答えである。そういっては身もふたもないように聞こえるが，これが「どこで戦うか」という発想である。バレーボールや卓球にもプロ選手はいるが，世界最高収入のプロ・バレーボール選手であっても，年収はメジャーリーグの野球選手の平均年収にも及ばないだろう。野球やサッカーはプロスポーツとして，他の競技よりそもそも利益を生み出しやすい構造になっているのである（楠木，2010）。

　楠木教授の著書から松井選手の事例をもとに，「どこで戦うか」という業界を選ぶことの大切さを説明した。このように，自社が属する業界は魅力があるか，そうでないかという業界の収益性を分析することは重要なことなのである。この業界の収益性を分析するファイブ・フォース（5つの競争要因）分析に関しては，筆者が2011年に執筆した『国内MBA受験　小論文対策講義』（中央

経済社）で詳しく解説している。ぜひこちらをお読みいただきたい。こちらも本書同様に，筆者の力作である。

2−3　リソース・ベースト・ビュー

　リソース・ベースト・ビューは，企業が持つ経営資源に着目する経営理論である。ポジショニング・ビューが企業を取り巻く外的な要因を重視するのに対して，リソース・ベースト・ビューは，企業の内的な要因に競争優位の源泉を求めるという考え方である。

　こちらも一橋大学大学院国際企業戦略専攻の楠木建教授の著書『ストーリーとしての競争戦略』で紹介されている野球の松井選手の事例を用いてポジショニング・ビューとリソース・ベースト・ビューの違いを説明する。松井選手が野球選手として成功した要因を分析すると，野球という種目を選択する，外野手というポジションを選択する，同じプロ野球でも日本でなくアメリカのメジャーリーグを選択するといった「活動の選択」がポジショニング・ビューだとすると，松井選手のバッティングセンス，スイングスピード，その背後にある動体視力や筋力，さらには精神的な成熟といった内的な面に注目するのがリソース・ベースト・ビューの考え方である。

　つまり，「競争に勝つためには独自の強みのある経営資源を持ちましょう」という考え方が，リソース・ベースト・ビューである。ただ，どんな経営資源でもいいのかというと，そんなことはない。企業の経営資源は，ヒト・モノ・カネといわれているが，どの会社でもモノであるパソコンやコピー機はあるし，ヒトだってどこの会社にもいる。経営資源ならなんでもいいのかというとそんなことはない。では，どんな経営資源を持っていれば競争優位を築けるのであろうか。それは稀少性が高く，模倣困難性が高い経営資源である。稀少性が高いということは，稀少なのでその会社にしか見られないような珍しい経営資源ということになる。ただ，稀少性が高く珍しかったとしても，ライバル企業が簡単にマネ（模倣）できる資源であれば，それはマネされやすいために，稀少性はマネされた瞬間になくなってしまう。そこで，稀少性が高いだけでなく，

模倣できない，すなわち模倣困難性が高い経営資源を持っている会社が競争優位を築くことができるといわれているのである。この考え方をリソース・ベースト・ビューと経営学の分野では呼んでいる。

　では，どんな経営資源が稀少性が高く，模倣困難性も高いのか，具体例を用いて説明してみよう。1つはブランド力である。ファッションではルイ・ヴィトン，エルメスなど，自動車ではポルシェ，フェラーリ，携帯電話ではiPhoneといったブランドのことである。こういったブランド力は，稀少性が高く，模倣困難性も高い。例えばルイ・ヴィトンを考えてみよう。バッグのブランドはたくさんあるが，多くの方はルイ・ヴィトンのバッグを欲しがる。ルイ・ヴィトンはフランスのブランドだが，日本のアパレルメーカーや皮革メーカーがルイ・ヴィトンのようなブランド力のあるバッグを生み出すことができているだろうか。答えはNOである。日本のメーカーは，どの会社もルイ・ヴィトンのようなブランド力のあるバッグを生み出すことはできていない。

　では，なぜルイ・ヴィトンのようなブランド力のあるバッグを生み出せないのであろうか。それはブランドという経営資源は，あまりにも複雑で，どのようにしたら作り出すことができるのかという方法論が確立していないからである。ブランドの作り方というマニュアルがあって，そのとおりにすればブランドが出来上がるなら簡単であるが，ブランドを生み出すマニュアルは存在しないのである。もう1つの理由は歴史的な要因である。長い歴史の中で築き上げられたものは，一朝一夕には作り出せないのである。ルイ・ヴィトンの歴史は長い。その歴史の中で形成されてきたブランド力という資源は，後発の日本のメーカーがんばっても，歴史に差があるので，なかなかマネすることはできないのである。そのために，ブランドという経営資源は模倣できないのである。模倣できないから，ルイ・ヴィトンは長年にわたって優位性を持ち続けているのである。

　このような他社が簡単には模倣できない経営資源を持つことこそ企業が長年にわたって優位性を築く源泉になっているのである。

　もう1つ事例をあげてみよう。それは多くの日本企業が保有している資源で

ある組織文化である。組織文化とは，組織論上はさまざまな定義がなされているが，ここでは「企業や従業員が意識的・無意識的に共有しているその組織に独特の価値観や信念のこと」とする。組織文化は，市場や顧客，競合など外部環境に対する「ものの見方」や「受け取り方」，会社における「仕事の進め方」，組織内での「振る舞い方」など，社員の思考と行動のパターンに強い影響を及ぼす。

　具体的な組織文化の事例として，エリック・シュミット（2017）より，グーグルの組織文化を紹介する。グーグルの組織文化は，「自由」である。自由という価値観が組織に浸透している。グーグルの理念として有名なものに「Don't be evil」というものがある。「邪悪になるな」と呼ばれている言葉で，「目先の利益ばかりを追って，邪悪になってはいけない」という意味があるが，この言葉の意義は，他にもある。「邪悪になるな」の最大の意義は，それが従業員への権限委譲の1つの手段になっていることだ。普段から社員に業務における権限を委譲し，任せているからこそ，「Don't be evil」という言葉が社員の意思決定の判断軸になっているのである。グーグルの社員は，服装や働き方など，あらゆる「自由」を与えられている。それは，創造性のある優秀な社員が成果を出すためには，「自由」が何より大切であり，「自由な環境」こそ創造性の源泉であるという判断によるものである。

　この組織文化もリソース・ベースト・ビューの視点では稀少性が高く，模倣困難な経営資源だといわれている。それはなぜか。先に説明したブランドと同じで，グーグルのような組織文化を作るにはどうしたらいいのか，というマニュアルがないからである。日本の大企業でグーグルのような「自由」な組織文化を持つ会社はないであろう。仮に日本の企業がマネをしたいと思っても，どうしたらグーグルのような組織文化を作ることができるのかがわからないのである。また，グーグルの創業者であるラリー・ペイジ自身の経営哲学があるだろうし，創業以来の歴史に裏付けられて形成された組織文化であるので，一朝一夕には形成することはできないのである。このような理由から組織文化も模倣困難な経営資源といわれていて，その組織独自の組織文化を持っている会

社は競争優位を築くことができるといわれているのである。

　以上，「3C分析」「マクロ環境分析」「ポジショニング・ビュー」「3つの戦略」「リソース・ベースト・ビュー」の4つを説明した。これらを理解し，自社分析，競合分析などで使いこなせるようにしておくと，国内MBAの面接での知識面は問題ないといえる。ここで説明したフレームワークや経営理論を頭に入れた上で，第7章の「国内MBAの面接で聞かれる『55の質問』と回答のポイント」をお読みいただきたい。本章の知識を頭に入れておくと，驚くほどスムーズに面接での回答が頭に浮かぶようになるはずである。

第 7 章 国内 MBA の面接で聞かれる「55の質問」と回答のポイント

　本章では，国内 MBA の面接でされる55の質問に関して詳細に説明すると同時に回答のポイントを説明する。筆者の18年間に及ぶ国内 MBA 受験指導経験から，国内 MBA の面接で質問される点には法則性があることがわかっている。その法則性を筆者なりに分析を重ね「この質問に対する回答を用意しておけば大丈夫」といえる「55の質問」を導き出した。本章では，その55の質問を紹介すると同時に，回答のポイントを解説する。

　国内 MBA の面接に関しては，第 4 章で説明した以下の 6 つのカテゴリーがある。このカテゴリーをより具体化する形で，「55の質問」を導き出した。そこで，本章では，以下の 6 つのカテゴリーをもとに，カテゴリーごとに国内 MBA の面接でされる質問を説明する。

① 国内 MBA の志望動機に関する質問
② 志望校に関する質問
③ 国内 MBA 修了後のキャリア計画に関する質問
④ 受験生の所属企業・業界に関する質問
⑤ 受験生個人に関する質問
⑥ 研究テーマに関する質問

　上記 6 つのカテゴリーに関して質問されているが，面接全体を通して，受験生のどんな点を見ているのか，という点は，第 5 章で説明した。以下の 5 点である。

① 他の学生と順応してやっていけるかという「相性」

② 過去の経歴部分のスペック

- 過去の経歴①—年齢，職種，業界
- 過去の経歴②—リーダーシップを発揮した経験

③ 本気で志望しているかという「志望度」

④ 自分中心ではなく「貢献」という意識があるか

⑤ コミュニケーション能力

- 論理的に話す力
- 非言語コミュニケーション能力

上記5つの点を面接を通して見ているわけである。この5つの点は，あくまでも面接全体を通して見ている総括的な視点である。本章では，総括的な視点ではなく，より具体的にどんなことが質問され，その質問の目的は何か，どのような点に注意して回答するといいのかを提示する。

1　国内MBAの志望動機に関する質問

国内MBAの志望動機は，どこの大学院でも必ず質問される点である。面接では部屋に入って着席すると，まず受験番号と氏名を述べるが，その後は，ほぼ確実に志望動機が質問されている。典型的な質問の形は以下である。

> **質問❶**　あなたのMBAの志望動機を2〜3分で説明してください。

1−1　この質問の目的

志望動機を話す時間であるが，2〜3分というのが一般的だが，時間の指定がない場合もある。この質問の目的の1つ目は，国内MBAというのは，経営学全般を学ぶゼネラリスト教育の場であることを受験生が理解しているかを把

握するためである。

　国内 MBA は，競争戦略，全社戦略，マーケティング，消費者行動論，組織論，組織行動学，会計学，オペレーション戦略，ファイナンス，統計学，経済学など企業経営に関することをトータルで学ぶ場である。ある分野の専門家養成ではなく，ゼネラリスト養成の場である。これを理解しているのかを面接官は知りたいのである。よって，志望動機ではゼネラリストになる必要性を訴えることが重要になる。

　2つ目の目的は，これから面接をするにあたっての会話のきっかけを提供してほしいということである。その際のポイントは固有名詞で伝えることである。国内 MBA の面接は15〜25分くらいの時間でおこなわれることが多いという点は第4章で説明した。この25分くらいの間，面接官と受験生は会話を重ねてお互いの理解を深め合うわけだが，そのきっかけとなる会話のネタを提供してほしいというのが，この質問の目的である。会話のきっかけの提供であるため，可能な限り固有名詞で答えるべきである。会社名は当然のこととして，自分が営業している商品名なども固有名詞で答えたほうがいい。具体的なキーワードが面接官との会話を生むきっかけになる可能性が高いのである。仮に中小零細企業だったりして無名の会社であっても，面接官は知っているかもしれないし，知らなければ後で補足すれば問題はない。

　その他は，面接官が忙しくて，受験生の研究計画書などの出願書類をじっくり読んでない場合もある。筆者が受験指導をしていて，明らかに読んでいないと思われるケースも多々あった。その場合は，志望動機の説明によって，面接官は，受験生の志望動機を把握するのである。このようなことは大学側の怠慢であるが，実際に起きていることなので，受験生としては，面接官は事前に提出した書類を読んでいない場合もある，ということを理解した上で，丁寧に志望動機を説明する必要がある。

　以上を踏まえると，理想的な志望動機は以下のような回答になる。

　私は現在，株式会社○○で営業を担当しています。扱う商品は○○で，○○に関する代理店営業をおこなっています。地域としては，東京の新宿エリアの担当をしています。営業担当ですので，会社への利益貢献が求められ，安易な値引き販売をおこなうことができない状況です。そこで，どのような営業をすべきかを考えましたが，そこではマーケティングの知識や会計の知識，そして部下がいますので部下のモチベーションを高めチームの成果を高める必要性に直面しています。独学で勉強してきましたが，それでは点と点が線としてつながらず，結局，仕事で使えるレベルには至っていません。そこで，国内 MBA への進学を考えました。

　具体的に説明しますと，マーケティングでは，代理店営業に必要な○○を学びました。会計学では，損益計算書や貸借対照表の読み方を学びました。組織論では○○を学びました。この独学では学びの不十分さを身をもって経験し，このたび国内 MBA を志望しました。

1−2　その他の志望動機に関する質問

　先の志望動機に関する質問に答えると，よりそれを深掘りする質問が次々と飛んでくる。その例が以下のような質問である。

> **質問❷**　その目的だったら，わざわざ国内 MBA に来なくても，中小企業診断士のほうがいいのではないですか？

> **質問❸**　その目的なら，わざわざ国内 MBA に来なくても，民間のビジネススクールの単科講座でも受講すれば十分ではないですか？

これら質問の目的は，国内MBAを理解しているか，そして本気で志望しているのか，という志望度を見ている。回答の際は，国内MBA特有のディスカッション形式で学ぶ点，研究が課されていて，1つの研究テーマに関して取り組む必要性を訴えて，中小企業診断士での学びとの違いを説明しよう。とにかく国内MBAでなければダメだ，という自分の志望度の強さをアピールすることがポイントである。中小企業診断士や民間のビジネススクールの単科講座ではダメなんだという点を強調しよう。

> **質問④　国内MBAは研究目的の大学院ではないがわかっていますか？**

これは先に説明したとおり，国内MBAがゼネラリスト養成の場であることを理解しているかどうかを確認するための質問である。一般的に大学院というのは，研究目的で進学するが，国内MBAは研究もするが，第1の目的はゼネラリスト養成である。この点を理解している旨を伝えれば問題はない。

ただ，第3章で説明した「リサーチ系MBA」の場合は，ゼネラリスト養成よりも研究に力点が置かれているので，リサーチ系MBAでは，このような質問を受けることはない。リサーチ系MBAの場合は，堂々と研究目的で志望したと言い切ろう。

> **質問⑤　その場合は，MBAというよりも他の研究科のほうがいいと思うけどいかがですか？**

この質問を受けるのは，公務員や独立行政法人など，公共機関に勤務する方である。人気の国内MBAである早稲田大学ビジネススクールではMBA以外に，「公共経営大学院」という研究科がある。どうして，公共経営ではなく，

MBAなのかを説明できるようにしておく必要がある。回答例としては，公務員として勤務しているが，仕事内容がベンチャー支援であったり，中小企業の支援であるという形で，行政機関内部の経営を学ぶのではなく，外部の民間企業の支援をするための知識やスキルを身につける必要性を伝えるといい。公務員の組織改革やモチベーション向上の研究など，内部に関する学びを志望動機として伝えてしまうと，「これは公共経営大学院に行ったほうがいい」となってしまうので注意すること。

> **質問❻　実務経験が短いが，もっと経験を積んでから来たほうがいいのではないですか？**

　これは実務経験が3年未満の方が質問される場合が多い質問である。MBAというのは実務経験を積んで進学するのが一般的なので，実務経験が短い場合は，このような質問をされる場合がある。これに対する回答としては，第1章で説明した「経験資産こそ人生の財産」という点が理想である。早めに進学して，仕事のやり方をMBA的な知識やスキルを用いた形に染めていくことによって，それ以降の実務において大きな資産を形成できる。そのために，実務経験は短いが，この時期に進学を希望すると説明すればいいと思う。

> **質問❼　（大学生の場合）MBAは社会人が来るところだけど，どうして新卒でMBAを目指したのですか？**

　この質問は，大学生が実務経験がない状態でMBAに進学する場合に確実に聞かれるといっても過言ではない。大学生がそのまま進学するということなので，この質問はフルタイムの全日制を志望する場合のものである。青山学院大学，京都大学，一橋大学（経営分析プログラム）のフルタイムMBAは大学生

がかなりの数を占めている。そのため，この3校を受験する大学生は，ほぼこの質問がされる。これに対しても，第1章で説明した「経験資産こそ人生の財産」という点の回答が理想である。大学生のまま進学して，就職した最初の時点から，仕事のやり方を MBA 的な知識やスキルを用いた形で開始することこそ自分にとっては価値があるという点を説明すればいい。

他の回答例としては，社会人経験がないからこそ，自分なりのスタイルでの働き方を模索できるという点もある。第1章で説明したとおり，日本の会社は職能主義によるマネジメントがおこなわれ，年功序列であり，若手が活躍するフィールドが限られる。入社3年以内に3割が会社を辞める現実がある。だったら，就職などせずに，最初からビジネスのやり方を MBA で学び，自分なりの自由なキャリア形成をしようということを話せばいい。自分のキャリアは，年配者の言うことを聞いて構築するのではなく，自分自身の独自のやり方で決めて，自分独自の人生を歩んでいきたいという点を強くアピールするといいと思う。これぞ実務経験がない大学生だから言えることである。

2　志望校に関する質問

志望動機の次に質問されるのが，志望校に関してである。どうして，その大学院の MBA を志望したのかが質問されている。これもほぼ100％質問されることである。

> 質問⑧　なぜ○○大学の MBA を選んだのですか？

2 - 1　この質問の目的

この質問の目的は，自分が受験している大学院の MBA への本気度はどのくらいか，という志望度を確認するためである。本命の大学院か，それとも第2

志望以下なのか，それを確かめようとしている。その大学院の MBA に本気で進学しようとしているなら，その大学院に関しては詳細な情報を集めて，その大学院でなければならない理由を持ち合わせているはずである。それを確認するための質問である。

　この質問に答えるには，当然のことながら，志望校についての事前の情報収集は絶対必要である。情報を集めれば集めるほどこの質問への回答のクオリティが高まる。「第3章　大学院選びの重要ポイント」で説明した点をもとに自分の志望校の情報を集めていただきたい。繰り返しになるが，志望校選びのために収集すべき情報は以下の点である。

① 　学生の属性
② 　自分のビジョンや方向性に合っているか？
③ 　自分が研究したい分野の教授がいるか？
④ 　ゼネラリスト系の MBA か？　リサーチ系の MBA か？

　以上の4点に関する情報を集めて，複数校の国内 MBA 大学院をピックアップして，その複数校を比較検討した上で，最終的な1校を決めたならば，それで大丈夫である。「なぜ，○○大学の MBA を志望したのか」という点に関して明確な回答ができるはずである。自信を持って面接に臨んでいただきたい。

　ここでは早稲田大学ビジネススクールを志望した事例を用いて，本質問に対する理想的な回答を紹介する。

［回答例］
　私が貴校を志望した理由は，貴校には起業を専門としたカリキュラムが充実しているからです。さまざまな大学院のカリキュラムを調査しましたが，貴校の実施している「ビジネスのためのクリエイティブ・プロセスと倫理」「アントレプレヌールシップと起業家的リーダーシップ」は他にはない授業で魅力を感じました。

また，私は起業にあたって起業家がクリエイティビティを発揮する源泉はどのようなものなのかを研究したいと考えていまして，起業家のクリエイティビティを専門に研究している東出教授のもとで研究したいと考え志望しました。

2-2　志望校に関するその他の質問

　先の志望校に関する質問に答えると，よりそれを深掘りする質問が次々と飛んでくる。その例が以下のような質問である。

> **質問❾**　当校の MBA でなければならない理由は何ですか。A 大学の MBA，B 大学の MBA と比較しながら，なぜ当校なのかを説明してください。

　この質問は本気度をより詳細に確認しようということである。先の①学生の属性，②自分のビジョンや方向性に合っているか？，③自分が研究したい分野の教授がいるか？，④ゼネラリスト系の MBA か？　リサーチ系の MBA か？に関して，複数の大学院を調べて比較検討した結果，最終的に 1 校に志望校を決めたというプロセスを経ていれば問題なく回答できる。なので，複数校を詳細に調査した上で志望校を決定していただきたい。

> **質問❿**　その分野の研究なら，他大学（例えば，C 大学）のほうがいいと思いますが，いかがですか？

　これもその大学院の国内 MBA への本気度を見ている質問である。わざわざ他大学を提示して，当校への関心度を試しているのである。恋愛と同じ駆け引きの質問である。これに対しても，ブレることなく，C 大学の○○教授よりも，

貴校の○○教授のほうが私の希望する専攻には近いと思うという点を伝えよう。ただ，C大学の○○教授に関して知識がない場合は，正直に，「C大学に関しては，調査しておりません」と回答して問題はない。ただ，第1志望は貴校であることはキッチリ伝えよう。

質問⓫　○○大学卒なのに，どうして当校ですか？　○○大学のMBAは興味はないのですか？

　前の質問同様に，その大学院の国内MBAへの本気度を見ている質問である。たしかに，自分の出身大学への愛着はあるかもしれないが，①学生の属性，②自分のビジョンや方向性に合っているか？，③自分が研究したい分野の教授がいるか？，④ゼネラリスト系のMBAか？　リサーチ系のMBAか？　に関して調査して決めるものである。自分の出身大学のMBAに進学することは必然ではない。この点を伝えよう。

質問⓬　当校のMBAの授業で受けてみたい授業は何ですか？

　この質問も角度を変えて，その大学院の国内MBAへの本気度を見ている質問である。本命の大学院であれば，授業内容や教授の専門分野は調査しているはずである。この本気度を確かめているわけである。こういった質問にも対応できるように，志望校のカリキュラムや受けてみたい授業は事前に調べておこう。

質問⓭　他にどこを受けていますか？

この質問は回答に迷うが，正直に答えて問題はないと思う。なぜなら，第1志望の大学院に不合格になった場合のことを考えて，リスクヘッジを事前にしておくことは必要だからである。ただ，その際の回答であるが，同じ方向性を持った大学院をあげるようにしなければならない。なぜならば，単なる有名大学だからとか，知名度が高いからという理由で併願校を選んでいるとすると，そこには矛盾があり，面接で突っ込みどころができてしまうからである。例えば，起業や事業承継に関することを学ぶために，早稲田大学ビジネススクールを志望したとする。その場合，併願校として，明治大学や法政大学ならば起業や事業承継という方向性が一致するが，一橋大学を併願しているとすると，一橋大学は起業に関する教育に力を入れているわけではないので方向性にブレが出てくるのである。そのため，併願校選びも，当然のことだが，自分がやりたいことや自分の研究テーマに合致する教授が在籍しているか，という点で決めていただきたい。

　なお，併願校をいくつか回答した場合でも，第1志望はその大学であるということは明確に伝えるべきである。

3　国内 MBA 修了後のキャリア計画に関する質問

　修了後のキャリア計画に関しても，国内 MBA の面接で定番の質問である。代表的な質問は以下のようなものである。

> **質問⑭　将来のキャリア計画について話してください。**

> **質問⑮　10年後にどうなっていたいですか？**

3 - 1　この質問の目的

　この質問の目的の1つ目は，MBAを活かして，どのような見通しを持っているかを聞き出すことである。国内MBAを修了して，どのようなキャリアを歩もうとしているのかを知りたいのである。日本の大企業であれば，20代・30代ではすぐに経営的なポジションに就くことはない。その場合，どんなキャリアを歩もうとしているのか，それを知りたいのである。ベンチャー企業や中小零細企業の場合は，MBAを修了して，すぐに経営的なポジションに就くことも考えられる。このように所属企業や年齢や現在のポジションによって，将来のキャリア計画は違ってくる。その1人ひとりのキャリア計画を把握したいというのが，この質問の目的である。

　2つ目の目的は，第5章で説明した「自分中心でなく『貢献』という意識を持っているか」という点を知りたいからである。起業したい，経営者になりたい，というキャリア計画だったとした場合に，なぜ起業したいのか，経営者になりたいのか，という点は人によって違う。そんな中で社会の役に立ちたい，人の役に立ちたいと考えているかどうかを知るために，この質問をしているのである。今の時代の経営者には，単に利益を上げるだけでなく，環境保護，貧困の撲滅，ジェンダー平等など，SDGs（Sustainable Development Goals：持続可能な開発目標）が求められるため，「自分中心でなく『貢献』という意識を持っているか」という点は重要である。

　以上を踏まえて，以下にキャリア計画の回答例を示してみる。

[回答例]

　私はMBA修了後は，教育ビジネスで起業したいと考えています。具体的には，日本の小学生を対象にした塾を開講したいと思っています。その塾は一般的な塾ではなく，ディスカッションを通して発信力を養成したり，自分で興味あることを見つけて，それに関して指導者とともに学びを深める小学生向けのゼミ活動をおこなうなど，既存の塾や予備校とは違った教育コンテ

ンツを提供するものとしたいと考えています。

　矢野経済研究所がまとめた調査結果を見ますと，2019年度の学習塾・予備校市場規模（事業者売上高ベース）は9,750億円であり，前年度から0.3%増加し，2014年度から6年連続のプラス成長を維持する見通しです。少子化といいながらも市場は成長しています。その成長市場に，上記のような新たな教育サービスを提供しようと考えています。

　多くの塾・予備校が，学校の授業や受験のための一方通行の授業スタイルです。それに対して，私は双方向・参加型の授業を考えています。私がMBAで学ぶケースメソッドでの経験を存分に発揮することによって，競合企業が追随できない差別化になると考えています。

　そして，10年後には株式公開をし，市場からの資金を調達して全世界に向けて事業を拡大していこうと考えています。

　このようなキャリアを考える私には，貴校のMBAでの学びは不可欠なのです。

3-2　その他のキャリア計画に関する質問

　では，その他のキャリア計画に関する質問に関して説明するが，国内MBA修了後のキャリアはさまざまである。そこで，国内MBA修了後の頻繁に見られるキャリアとして「コンサルティング会社への就職（転職）を目指す方に特有の質問」を説明した上で，MBA修了後の一般的なキャリアである「起業，事業承継，転職，現在の会社でキャリアアップする，などすべてのキャリアに共通する質問」について説明をする。

3-2-1　コンサルティング会社への就職（転職）を目指す方に特有の質問

　MBA修了後の転職として最も多いのがコンサルティング・ファームである。コンサルへの転職を希望する場合には，以下のような質問がされている。

質問⓰ 日本でコンサルティングが最も必要とされる業界はどこですか？

質問⓱ その業界にあなたがコンサルタントとしてアドバイスするとしたらどんなアドバイスをしますか？

質問⓲ MBAで学ぶことがコンサルにどう役立つと思いますか？

上記の質問は頻繁にされているので，コンサルティング会社を志望する方は準備しておくといいと思う。コンサルティングが必要とされる業界は，いろいろな業界がある。例えば，ガソリン車から電気自動車による自動運転に変わる可能性が高い自動車業界，ECサイトでのショッピングが当たり前になる中でビジネスモデルの転換が要求されている百貨店業界，人口減少・テレワークの普及などによって交通手段を利用する人が減少している運輸業界など，考えればどんどん思いつくはずである。これらを調べておいて，その業界における動向やシンクタンクの分析レポートなどを読んで，自分がコンサルタントだと仮定してアドバイスを考えておく必要がある。

そして，国内MBAで学ぶことがコンサルタントして役立つ点は，MBAで学ぶ経営全般のゼネラリストとしての知識やスキルをあげる。普通に仕事をしているだけではゼネラリストとしての知識やスキルは得られない。MBAで学ぶからこそ得られるものである。コンサルタントとしての知識やスキルとしてはまだまだ不十分かもしれないが，何も学んでいない方と比較すると，MBAで学んでいることは，コンサルタントとしては大きなアドバンテージがあると

考えられる。この点を説明するといいと思う。

　その他，コンサルティング会社に就職を考えている方に対する質問は以下である。

質問⑲　（先のどんなアドバイスをしますかという回答に対して）そんな新聞に出ているようなアドバイスではクライアントの役に立たないと思いますが，いかがですか？

質問⑳　（考え込んでいたら）あなたはコンサルタントには向かないと思いますが，自分ではどう考えますか？

　これは第4章で説明した圧迫面接の事例である。まだコンサルティング会社に就職したわけでもないのに的確なアドバイスは難しい。第4章で説明したストレス耐性や思考意欲・思考体力を試されていると考えよう。可能な限り回答し，それでも突っ込まれたら，冷静な態度で「そこまではわかりません」と答えれば問題はない。くれぐれも動揺した姿勢を見せないようにしていただきたい。

3-2-2　起業，事業承継，転職，現在の会社でキャリアアップする，
　　　　などすべてのキャリアに共通する質問

　起業する方，事業を承継する方，転職する方，現在の会社でキャリアアップする方は，その業界（起業する方は起業予定の業界，異業種に転職する方は転職先の業界，現在の会社でキャリアアップする方は現在の所属業界）に関して，ある程度の業界分析をおこなっておこう。以下のように，けっこう突っ込んだ

質問がなされている。

質問㉑　どうしてその業界で起業（転職）するのですか？

　この質問の目的は，起業や転職する業界が魅力的な業界なのか，そうでない
のか，それをわかっているか，を知るために質問している。この質問に的確に
答えるためには，第6章で元プロ野球の松井秀喜選手を事例に説明したが，業
界の収益性を分析しておく必要がある。業界の収益性を分析するファイブ
フォース（5つの競争要因）分析に関しては，筆者が2011年に執筆した『国内
MBA受験　小論文対策講義』（中央経済社）で詳しく解説しているので，そ
ちらをご覧いただきたい。

質問㉒　市場の規模はどのくらいか？

質問㉓　市場の成長率はどのくらいか？

質問㉔　ターゲットとなる顧客は誰ですか？　どのようにセグメン
トされていますか？

　この質問は，第6章の「3C分析」の部分で説明した，市場（customer）
に関するものである。最初の「市場の規模」から説明する。市場の規模とは，
「ある市場においての経済活動の規模を意味する言葉」である。経済活動の規

模とは，その市場で商取引がおこなわれる見込みの総額，すなわち「売上」の
ことである。市場規模＝ある市場における売上総額ということになる。例えば，
筆者が属している学習塾・予備校業界の市場規模（事業者売上高ベース）は，
矢野経済研究所がまとめた調査結果を見ると，2019年度は9,750億円となって
いる。このように市場規模は複数の機関が独自に調査を実施しているので，自
分で調べておくことをお勧めする。

　次に「市場の成長率」であるが，これは先に説明した市場の規模がどのくら
いの成長をしているか（衰退しているか）を表す数字である。ちなみに筆者が
属している学習塾・予備校業界の市場の成長率は，2018年から2019年には0.3％
増加し，2014年度から6年連続のプラス成長を維持する見通しとなっている。
すなわち，学習塾・予備校業界は市場が成長している市場だといえる。これも
事前に調査可能であるので，本書を読んだ皆さんは回答を用意しておいていた
だきたい。

　最後が，「ターゲットとなる顧客は誰か。どのようにセグメントされている
のか」に関してである。これは誰をターゲットにするか，というターゲットの
視点である。第6章で説明した「3つの戦略」の「集中戦略」部分をお読みい
ただければ回答を考えることができる。自分の起業プランや事業承継する事業，
転職先の企業は，ターゲットを誰に定めるのか，それはなぜか。この点を自分
なりにしっかり考えて，回答を用意しておいていただきたい。

　以上，起業する方，事業承継する方，転職する方，現在の会社でキャリア
アップする方，すべての方に共通する質問であるので，それぞれ自分が起業，
事業承継する業界の市場について，転職する先の企業の市場，自社の市場につ
いて，しっかり分析しておいていただきたい。

> **質問㉕　競合先となるのは，どのような企業ですか？**

質問㉖　競合企業と比較した御社の強みは何ですか？

　この質問は，第6章の「3C分析」で説明した競合企業（competitor）に関するものである。自分が起業する会社や事業承継する会社，今いる会社のライバルとなる企業を洗い出しておく必要がある。これは自分が考えるビジネスのライバル企業であるので，業界分析を普通におこなっていればピックアップできると思うので，ぜひご自身で調べていただきたい。

　競合企業と比較した御社の強みは何か，という点に関しては，第6章で説明した「ポジショニング・ビュー」「リソース・ベースト・ビュー」の視点で自分が起業予定（事業承継予定）の会社とライバル企業を比較してみていただきたい。まだ MBA 進学前なので，そんなに緻密な分析は不要である。第6章の「ポジショニング・ビュー」「リソース・ベースト・ビュー」の内容をもとに考えておけば問題はない。

　転職希望の方は，転職先の業界の企業に関する競争状況を調査して，それぞれの企業の強みや弱みを，第6章で説明した「ポジショニング・ビュー」「リソース・ベースト・ビュー」の視点で分析しておくといいと思う。

質問㉗　技術革新が業界に与える影響はどうですか？

　これは第6章で説明したマクロ環境分析の「Technology（技術）」に関する質問である。マクロ環境分析とは，「Politics（政治）」「Economy（経済）」「Society（社会）」「Technology（技術）」の4つを分析するものであるが，中でも「Technology（技術）」は近年，さまざまな業界に大きな影響を与えているため，4つの中でも特に質問される点である。自動車業界でも自動運転という新技術が業界を大きく変えようとしているし，百貨店業界でも EC モールという IT を用いた「Technology（技術）」が業界に大きな影響を与えている。

そのために，技術革新が業界に与える影響度合いに関しては頻繁に質問されている。自分が起業する業界の最新の Technology（技術）の動向を調べておいて回答できるようにしておいていただきたい。

この点も，起業する方，事業承継する方，転職する方，現在の会社でキャリアアップする方，すべての方に共通する質問であるので，それぞれ自分が起業，事業承継する業界，転職する業界，自社が属している業界に技術革新が与える影響について，しっかり分析しておいていただきたい。

4　受験生の所属企業・業界に関する質問

ここでは，受験生の現在の所属企業や所属業界に関する質問を紹介する。志望動機や志望校などの「志望動機を話してください」「どうして○○大学のMBA を志望したのか話してください」といったお決まりの質問があるわけではないので，頻繁に質問されているものを，いくつか紹介していく。

キャリア計画部分で説明した，以下の質問は，受験生の現在の所属企業に関する点として質問されているので，以下の点は現在の所属企業に関しても，しっかり分析・調査をおこなっておいていただきたい。

- 市場の規模はどのくらいか？
- 市場の成長率はどのくらいか？
- ターゲットとなる顧客は誰か？　どのようにセグメントされているか？
- 競合先となるのは，どのような企業か？
- 競合企業と比較した御社の強みは何か？
- 技術革新が業界に与える影響はどうか？

ここでは，上記の6点以外に，自社と業界に関して質問が予想される点に関して説明する。

4-1 自社・業界の現状分析に関する質問

まずは，自社・業界の現状分析に関してである。

> **質問㉘　御社の業績は業界全体の平均と比較するとどのくらいですか？**

　この質問の目的は，自分の会社の現状を分析した上で仕事に取り組んでいるか，という点を確認するためである。利益率，ROA，ROEなど企業規模に関係なく比較可能な指標を用いて業界平均と自社の比較をしておく必要がある。この利益率，ROA，ROEなどの比較分析をもとに，業界平均よりも高い場合は，なぜ高いのか，低い場合は，なぜ低いのか，という点を分析していただきたい。その際には，すでに説明済みの「競合企業と比較した御社の強みは何か」という質問に答える形で準備するといいと思う。第6章で説明した「ポジショニング・ビュー」「リソース・ベースト・ビュー」を用いて分析をおこなうのである。

4-2 自社・業界の将来的な姿に関する質問

　こちらは現状分析ではなく，自社や業界の将来的な姿に関する質問である。

> **質問㉙　御社の将来的な姿について話してください。**

> **質問㉚　10年後の御社はどうなっていると思いますか？**

これらの質問の目的は，自社・業界の将来的な姿を見据えながら今を過ごしているか，という将来的な視点を持っているかを見ることである。また，将来を見通す洞察力を持っているかを見ているとも考えられる。

このような質問には，以下の視点から自社・業界を分析しておけば問題はない。

- 自社の属する業界では，新規参入が増えているか？　撤退が増えているか？
- 自社の属する業界では，代替品が出てくる可能性はどうか？
- 自社の属する業界は，市場の参入障壁は高いか低いか？

以下で説明していく。

4-2-1　自社の属する業界の新規参入や撤退の状況

この点に関する分析は，業界紙やシンクタンクの資料を調べておく必要がある。筆者が属する塾・予備校などの教育サービス業界に関しては，株式会社矢野経済研究所が，サービス分野別の動向，参入企業動向，将来展望などの分析レポートを販売しているので，それを読んで把握している。大手企業の場合は，業界団体があるので，その業界団体の発表するレポートをご覧いただければ問題ない。例えば，百貨店業界であれば，一般社団法人日本百貨店協会が発表するレポートを読んでおけば把握できる。この点は，皆さんの所属する業界によって異なると思うので，自分で調べてみていただきたい。

新規参入が多く，撤退が少ないという場合は，その業界は競争が激しいことを意味し，収益性が低下してしまう。一方，新規参入が少なく，撤退が多いという場合は，競争があまりないことを意味し，収益性は高くなる可能性がある。ただ，この場合，業界自体が衰退していて，新規参入が少なく，撤退が多いことも考えられるので，その場合は収益性は低いかもしれない。

このように新規参入や撤退の数を調べると，その業界の収益性がわかると同時に，その業界の将来性も理解できるのである。

4-2-2　自社の属する業界の代替品の出現可能性

　この点も業界紙やシンクタンクの資料を調べておく必要がある。筆者が属する塾・予備校業界では，従来の通学制で通うスタイルの代替品として，動画配信によるオンライン予備校がコロナ禍の影響で登場している。このオンライン予備校は，既存の通学制の予備校にとっては大きな脅威になっている。なぜなら，オンライン予備校は，校舎を持たないために，固定費がかからない。そのためコストが安く済む。コストが安いので，受講料が安くなっている。この安さには，校舎を持つために固定費がかかる既存の通学制の予備校は追随できない。コスト競争力で負けてしまうのである。国内 MBA 予備校においても，このことが起きている。筆者が教えているアガルートアカデミーはオンライン予備校である。そのため校舎を持たないのでコストが安い。それに対して，国内 MBA 予備校大手の河合塾 KALS は教室を持っているので，コスト競争力ではアガルートアカデミーに負けてしまう。予備校業界にとっては，オンライン予備校という代替品は大きな脅威となっている。

　このように皆さんの業界でも代替品はどんどん登場しているはずである。予備校業界同様に，オンラインで買い物ができる EC モールの登場で，リアル店舗の百貨店はかなりお客さんを奪われてしまった。自動車業界では，ガソリンエンジンで動く車という商品に対して，自動運転の電気自動車は電機メーカーでも製造可能な電気製品になるわけである。電気製品としての自動車が，ガソリンエンジン車にとっては代替品になっている。自社の属する業界の将来予測をする際に，代替品が登場するかどうかは重要な点である。代替品の出現可能性という点から，自社の属する業界を分析しておいていただきたい。

4-2-3　自社の属する業界の参入障壁

　参入障壁とは，新規企業がその業界に参入することを妨げてしまうような障壁を既存企業が設けることである。参入障壁の事例として，第 6 章のリソース・ベースト・ビューでも取り上げた「ブランド」をあげる。ある企業のブランドが確立している場合，新規参入する企業は，仮に参入しても，その企業に

は勝てないだろうと考えて参入をやめてしまう場合がある。これがブランドが参入障壁になっている例である。第6章で説明したとおり，ブランドという資源は，複雑でわかりにくい，歴史的に長い企業が強いブランドを持つ，という2つの要因から，なかなか構築することが難しい。そんな構築が難しいブランドを既存企業が保有しているなら，自社は参入しても勝てないだろうと考えるのである。そのいい例が，カジュアル衣料である。ユニクロというブランドが確立している。百貨店ブランドなどは，いろいろなブランドが存在しているが，他の低価格のカジュアル衣料を導入してもユニクロには勝てないだろうと考えて，ユニクロ以外のカジュアル衣料を導入しようとは考えないのである。

　このような業界に参入障壁がある場合は，将来的にも業績は安定することが予想できる。逆に，業界に参入障壁がない場合は，どんどん新規参入企業が現れるので，将来的な予測は難しいし，そもそも自社が生き残っているかすらわからない。

　以上，3つの視点を説明したが，この3つの分析をもとに，自社や業界の将来的な姿を予測しておいていただきたい。そうしておけば，ここで紹介した質問である「御社の将来的な姿について話してください」「10年後の御社はどうなっていると思いますか？」に関して的確な回答ができるはずである。

　なお，ここで説明した3つの点である「自社の属する業界の新規参入や撤退の状況」「自社の属する業界の代替品の出現可能性」「自社の属する業界の参入障壁」に関しては，第6章で説明した業界の収益性を分析するファイブ・フォース（5つの競争要因）の分析と同様である。ファイブ・フォースは，5つの競争要因に関して分析するわけだが，上記の3つは，ファイブ・フォースの「新規参入の脅威」「代替品の脅威」「既存企業の敵対関係の程度」に該当する。ファイブ・フォースに関しては，筆者が2011年に執筆した『国内MBA受験　小論文対策講義』（中央経済社）で詳しく解説しているので，より詳しく勉強したい方は，こちらをお読みいただきたい。

5 受験生個人に関する質問

　ここでは受験生個人に関する質問を紹介する。個人に関する質問とは，例えば，「あなたの強みと弱みは何ですか？」「英語力はどうですか？」「最近読んだ本は何ですか？」といった個人の仕事，スキル，価値観などに関する質問である。こちらも志望動機や志望校などの「志望動機を話してください」「どうして○○大学の MBA を志望したのか話してください」といったお決まりの質問があるわけではないので，頻繁に質問されているものを，いくつか紹介していく。

5 - 1　個人の仕事に関する質問

　まずは，「過去の仕事で成し遂げたことは何ですか」といった個人の仕事に関する質問に関して説明していく。

> **質問㉛　仕事で大切にしていることは何ですか？**

　この質問の目的は，仕事をする上での価値観や信念を見たいというものである。これは人それぞれの回答があるので，自分が大切にしている信念を簡潔に話せばいい。「約束を守ることである」「相手の立場に立って考えることである」などで問題はない。「すべての人を幸せにすることである」みたいな壮大なことを言われるよりも，地に足のついた言葉が好まれると個人的には思っている。筆者だったら，日本電産の永守重信会長の言葉である「すぐやる。必ずやる。できるまでやる」という言葉を話すだろう。

質問㉜ 過去の仕事で成し遂げたことは何ですか？

　この質問の目的は，受験生がどれだけ主体性がある人物かを見たいのである。仕事を成し遂げるために，自分で考えて悩んで動いたのか，という点を見ている。MBAでの授業は，これまでも説明してきたが，グループワークやディスカッションが中心である。一方的な講義を聴く形の授業は少ない。そのため，自分から発言し，グループを引っ張るという主体性は非常に重要になる。この点を頭に入れて，過去に成し遂げたことに関して説明するようにしていただきたい。

質問㉝ あなたの強みは何ですか？

　この質問の目的は，自分の活かし方を知っているかを確かめたいということである。回答に関しては，スキル面からの回答でも，パーソナリティ面からの回答でも，どちらでも問題ない。「中学生までアメリカで育ったので，英語力に自信がある」というスキル面，「中学生までアメリカで育ったので，個性を大切にして，自分を積極的に発信する姿勢がある」というパーソナリティ面，どちらでもいい。パーソナリティ面を話す場合は，何らかの裏付けとなる経験が必要である。「小学校のときからテニスをしてきて大学時代にはオリンピックの候補に選ばれた。そんな中で最後まであきらめない姿勢と度胸を身につけた」というように，過去のオリンピックの候補に選ばれたという経験があってこその「あきらめない姿勢と度胸」である。そして，その経験もできるだけ稀少性が高い経験が好ましい。これは当然である。第4章で，「面接官は，ありふれた回答よりも，具体的なストーリーに印象付けられる。あなたは面接官に自分を強く印象付けなければならない」と説明したが，面接官に印象付けるには，オリンピックの選手候補という稀少性は重要なのである。

質問③④　あなたの弱みは何ですか？

　この質問の目的は，多様性という点で，学生のバランスを考慮する上での参考情報を提供してほしいという点である。

　なので，弱みを正直に答えて問題はない。例えば，営業としてのキャリアしかなく，マーケティングやコミュニケーション能力はあるが，会計やファイナンスの知識がないという場合，会計やファイナンスの知識のなさを弱みとして回答することはまったく問題はない。あなたが会計やファイナンスを知らないなら，他の学生で会計やファイナンスに強い学生を合格させよう，という形で，あなたの弱点を補うような合格者選抜をしようということが目的なのである。

　ただ，NGの回答は，パーソナルスキル面でマイナス評価になるようなものである。例えば，「集中力がない」「持続力がない」などである。

　弱みに関しては，過去のキャリアから自身に欠ける経験やスキルをもとに回答するのが安全である。

質問③⑤　学生時代に打ち込んだことは何ですか？

　この質問の目的は，自由な時間をどれだけ有意義に使ってきたかを知ることである。大学時代というのは，時間を自由に使える，人生では稀な時間である。その時間をどのように使うのかというのは，人それぞれの考えによる。部活に夢中だった。サークルで演劇をしながら，本格的に俳優を目指していた。部活やサークルはせずに，ロックミュージシャンを夢見て，インディーズでバンドをしていた。など何でもいい。何か1つのことに真剣に打ち込んだ経験がある人は，挫折を経験している場合も多く，精神力が強いと判断され合格に近づくことも考えられる。

　ただ，何も打ち込んだといえるような経験がない方はどうすべきか。それは

何かネタを探すことである。例えば，旅行をした経験があれば，一人旅をして，いろいろな場所を訪れ各地の文化を学んだなど，何か考えれば出てくるのではないだろうか。このように答えてなんとかこの場を切り抜けるしかない。大学時代は何も力を入れなかったが，社会人になってからいろいろ挑戦したという方は，大学時代は何も力を入れて取り組まなかったと正直に話して問題はない。その大学時代の遅れを社会人になって取り戻したということを話せば問題はない。

> **質問㊱　大学時代の成績が悪いですね。この成績で MBA に入って大丈夫ですか？**

　大学時代の成績は国内 MBA の合否には関係ない。6 割以上が C（可）だった方も有名大学の MBA に合格している。海外の MBA でトップスクールといわれている大学院は大学時代の成績を見ているらしいが，国内 MBA は，まったくというのは言い過ぎかもしれないが，そのくらい関係ない。ちなみに筆者も大学時代の成績はかなり悪いが合格している。ということで，社会人が国内MBA を受験するときの大学時代の成績は気にしなくて大丈夫である。

　では，なぜ上記のような質問をしてくるのであろうか。大学時代は勉強しなかったかもしれないが，MBA ではしっかり勉強しなさい，という教授からのメッセージなのである。なので，「この成績で MBA に入って大丈夫なの？」という失礼なことを言われても気にする必要はない。圧迫面接の 1 つだと考えて，軽く流せばいいのだ。

　ただ，大学生が新卒で国内 MBA を目指すという場合は，大学時代の成績を重視する大学院もあるので，大学生だけは注意しておこう。大学生で成績が悪い場合は，何か言い訳を考えておこう。例えば，「部活に熱中していた」などがいいだろう。MBA はビジネススクールなので，ビジネスにつながるネタなら他の回答でも問題はない。例えば，「日本全国を旅して回ることに夢中だっ

た」と言って，旅行ビジネスにつなげる何かを付け加えるなら，それでもいい。

5-2　個人のスキルに関する質問

　次は，「英語力はどうですか？」といった個人のスキル面に関する質問に関して説明する。

質問㊲　英語力はどうですか？

　この質問の目的は，MBA入学後には，欧米の学術論文を原書で読む機会が多くなるが，それができる英語力があるかどうかを見られている。また，現在のようなグローバル化が進む中で国内MBA学生には英語力を高めてもらいたいという大学側の願いもある。

　とはいっても，TOEICで450点という方でも難関MBAに合格しているので，そんなに気にしなくてもいい。英語力がないならないと正直に伝えて問題はない。ただ，現在，英語力を高めるための努力をしていることは伝えよう。例えば，現在TOEICスクールに通って毎日英語の勉強をしています，といった回答が望ましい。可能ならば，入学までの目標点を伝えよう。例えば，「貴校に入学するまでにTOEICで730点をクリアすることを目標にがんばります」と伝えると，現在英語力が低くても問題はない。

　ただ，大学生が新卒の状態で，難関といわれる国内MBAを受験する場合は，英語力は重要である。TOEICで800点はクリアしておくべきである。英語力があまり関係ないのは社会人の方である。

　筆者からのアドバイスとしては，面接対策ということではなく，国内MBAに入学する場合は，英語はしっかり勉強しておいたほうがいい。というのは，修士論文を書く際の先行研究の調査は，ほとんどが欧米の学術論文を読むことになるからである。社会科学の先行研究は圧倒的に欧米のほうが進んでいて，日本語の学術論文だけ読んでも不十分である。欧米の学術論文を読むことは必

須である。これをある程度でいいので読みこなす力をつけておくことをお勧めする。そうしないと，満足のいく先行研究の調査ができず，先行研究を踏まえた修士論文を書くことができなくなってしまうのである。せっかく入学したのに，これでは意味がないので，ぜひ英語力は入学前に身につけておいていただきたい。

> ## 質問㊳　数学はどの程度できますか？

　この質問の目的は，国内 MBA 入学後には，統計学，ファイナンス，経営科学などの科目で数学的な知識が必要だからである。また，修士論文で統計解析をする場合も数学的な知識が必要になるからである。

　とはいっても，こちらも英語力同様，数学ができなくても問題はない。微分積分，確率・統計などスラスラできる社会人はあまりいないのではないだろうか。なので，できない場合は，できないと伝えて問題はない。ただ，こちらも入学までに数学の基礎的なことは復習しておくことを伝えよう。それで問題はない。

　ただ，第3章で説明した一部のリサーチ系の国内 MBA は数学ができたほうが有利な大学院もある。リサーチ系の国内 MBA を受験する方は，可能な限り数学も面接までに克服しておくことをお勧めする。

　筆者からのアドバイスとしては，面接対策ということではなく，国内 MBAに入学する場合は，数学はしっかり勉強しておいたほうがいい。というのは，先に説明したように，修士論文で統計解析を使う場合は数学の知識が必要になるからである。数学ができないばかりに修士論文をしっかり書けない方も多い。それではせっかく入学したのにもったいない。数学をしっかり勉強しておいて，修士論文でも統計解析を用いた論文を書いていただきたい。

> **質問㊲　最近読んだ本は何ですか？**

　この質問の目的は，受験生の興味のある分野は何かを知るためである。よく受験生から質問されるのは，「経営学に関する本を答えたほうがいいですか」という点である。自分が興味のある分野の本を答えればいいのであって，経営学にこだわる必要はないというのが筆者の考えである。過去の受験生には，歴史小説を答えた方もいるし，サガンの『ある微笑』という恋愛小説を答えた方もいたが，合格している。なので，気にせずに，自分の興味のある本を答えればいい。そういわれても不安な方は，経営学系の本で１冊，経営学とは関係ない本で１冊という形で，２冊提示するといいと思う。経営学とまったく違った領域の本を答えて，自分の興味の広さを示すことも必要である。

> **質問㊵　最近気になったニュースは何ですか？**

　この質問の目的は，時事的なことに関心を持っているかを知るためである。こちらも「経営学的なことを答えたらいいですか」ということをよく聞かれるが，そんなことはない。政治のことでも，経済のことでも，文化のことでもいい。ただ，こちらも経営学的な点を１つ，経営学に関係ないことを１つ，という形で２点述べるといいと思う。これによって，自分の関心の幅広さを示すのである。

5-3　個人のキャリアに関する質問

　ここでは個人のキャリアに関する質問を紹介する。個人のキャリアといっても，修了後のキャリア計画や個人の仕事の業績などは説明済みである。ここでは「転職」や「キャリアブランク」に関する質問を取り上げる。

この質問の目的は，大学院側としては，「辞めた理由」というより，「今後活躍できそうか」という点を見たいと思っていると予想する。今の時代，転職は当たり前である。上司や社風に合わないから辞めたとしても問題はない。悪い環境を脱し，より自分らしく働いて，成果を出すために辞めたという前向きな理由を話せば，大学院側としては，「そういう理由なら，今後のキャリア計画上は問題ないよね」と思ってくれるはずである。これからの自分のポジティブな展開に焦点を当てた前向きな理由を話すようにしよう。そうすれば転職経験があっても，まったく問題はない。

ただ注意点は，生え抜きのプロパー社員を好む国内 MBA が存在することである。日本の大企業の場合は，いまだに生え抜き社員しか出世しないという時代錯誤の人事制度を採用している会社もある。日本の大企業のサラリーマンを好む国内 MBA では転職経験はマイナスに作用する可能性がある。この点は，第 3 章で説明した「大学院に関する情報の集め方」を参考に情報を集めた上で受験するようにしていただきたい。

この質問の目的は，一般的にキャリアブランクは作らないほうがいいといわれている中で，どのような理由からブランクになったのかを知るためである。キャリアブランクがある方は，それは隠しようがない事実なので，正直に答えるしかない。しかし，キャリアブランクを悪いものと考えずに，キャリアブランクをチャンスに変える機会だと考えるようにするといい。例えば，1 年間は語学留学に行っていて語学力を高めることができたとか，納得のいく就職先を探すために，1 年のブランクが出来てしまったが，いい会社に入ることができ，

現在は成果が評価されて，異例の抜擢をされているなど，ブランクをチャンスに変えるような発言が好ましい。キャリアブランクも1つのキャリアと考えるのである。

5-4　その他の個人に関する質問

　個人の仕事，スキル，キャリア以外の個人に関する質問について，ここでまとめて紹介する。

> **質問㊸　入学した場合に，授業やゼミで貢献できる点は何ですか？**

　この質問の目的は，他の学生と比較した独自の強みがあるかを知るためである。先に説明した「あなたの強みは何ですか」と同じである。スキル面，経験面，パーソナリティ面など何でもいいので，自分が貢献できる点を回答しよう。例えば，先に「数学ができますか」という質問があったが，国内MBAで数学ができる学生は少ない。なので，数学ができる場合は，貢献度が高い。授業時間外に，学生同士での勉強会をおこなった際に，みんなに数学を教えることができると答えれば，それは大きな貢献とみなされる。経験面では，起業経験がある，大企業のコーポレートベンチャーを立ち上げたといった経験があると，貢献度が高い。なぜなら，日本は年功序列なので，若くして全社的な視点を持って仕事をする機会がないからである。起業やコーポレートベンチャーなど若くして経営者経験がある方は，その経験から授業やゼミに貢献できる。パーソナリティ面では，リーダー型のパーソナリティを持つ方は貢献度が高い。リスクを取って，自分が先頭を走るタイプのパーソナリティを持つ人は，ディスカッションやグループワークなどの主体性が求められるMBAでは貢献度が高い。ただ，リーダーシップを発揮するようなタイプではなかったとしても貢献はできる。例えば，人についていく2番手タイプであるが，技術者としての研究開発力が優れているとしよう。その場合，技術者だからこそわかる経営上の

問題点を発信することによって貢献できるのである。

　このように，ビジネスをしている方は，自己分析をすれば，何か自分にしかない強みは見つかるはずである。その強みを持って貢献できると話せばそれでいいのである。

> ## 質問㊹　学生は年下ばかりですが大丈夫ですか？

> ## 質問㊺　（大学生の場合）学生は年上の社会人経験者が多いですが大丈夫ですか？

　この質問の目的は，環境に適応できるかを見られている。特に，40代後半で国内 MBA に進学する場合は，「年下ばかりですが大丈夫ですか？」という点を聞かれている。会社員の場合は，年功序列が浸透している日本社会において，上司が年下とか，同僚が年下ばかりということに抵抗を示す方もいると思われる。会社員になる場合は，この点は重要だと思うが，国内 MBA は学ぶ場であり上下の関係はあまり関係ない。なので，仮に自分だけ年上であったとしても，それほど気にならないのではないかと筆者は思っている。どっちが偉いかといった競争意識は学ぶ場ではあまり芽生えないのではないかと思う。よって，年下ばかりでも問題はないと思う。「大丈夫です」と答えていただきたい。

　大学生が受験した場合に質問される「社会人経験者が多いですが大丈夫ですか」という質問は，合格したければ大丈夫と答えるしかない。ただ，筆者の経験上，社会人ばかりの環境に大学生が入るのは，けっこうハードルが高い。かなり地頭がいいとか，起業経験がある，といった社会人経験者とも対等に張り合える強みがあるならいいが，そうでないならば，大学生は大学生が多い国内MBA を目指すといいと思う。大学生が多い代表的な大学院は，青山学院大学，

京都大学，慶應義塾大学，関西学院大学，同志社大学，一橋大学（経営分析プログラム），立命館大学のフルタイムの全日制コースである。

> **質問㊻　上司の許可を得ていますか？**

　この質問は，パートタイムの夜間コースの受験生特有の質問である。目的は，職場の理解が得られていて，しっかり通学ができるかを確認することである。夜間のMBAの場合は，平日の夜に授業があるが，早稲田の場合19時に授業がスタートする。国公立は18時台に授業が始まる。この時間に会社勤務する方が授業に遅れることなく通学するには，職場の理解，特に上司に国内MBA進学の許可を得ていることが重要である。そのために面接で確認しているのである。合格したい場合は，「許可を得ている」と答えるのがいいと思われる。

> **質問㊼　何か質問はありますか？**

　転職面接では，何もなしはNGと言われているらしい。筆者が指導した受講生で転職経験がある方から，「転職の際は，何か質問をしないとマイナスになるのですが，国内MBAの面接はどうですか」とよく質問される。筆者の指導経験上からいえることは，国内MBAの面接では何も質問しないことがマイナスになるかというと，そんなことはない。「何か質問はありますか」と聞かれて，「特にありません」と答えて合格した方は多い。逆に，何か質問する方のほうが少ない気がする。よって，あまり神経質になる必要はないと思う。純粋に何か質問したければすればいいし，特に聞きたいことがなければ何も質問しなくていい。

6 研究テーマに関する質問

国内 MBA ではすべての大学院ではないが，研究計画書で自分が国内 MBA に入学した際に，何を研究しようとしているのか，という研究テーマの設定を求めている。この研究テーマに関する質問は，第 3 章で示した「ゼネラリスト系」か「リサーチ系」かによって内容が違う。リサーチ系は研究に関してより深い点に切り込んでくる。そこで，ここでは，研究テーマ設定を求めているすべての国内 MBA で質問されることとリサーチ系 MBA で質問されることに分けて説明する。

6-1 すべての国内 MBA 共通の質問

まずは，研究テーマ設定を求めているすべての国内 MBA で質問されることについてである。典型的な質問の形は以下である。

> 質問48　研究テーマとその内容について話してください。

この質問の目的は，受験生が設定した研究テーマやその内容に関して，以下の 4 点を確認することである。
- 狭い範囲でのテーマ設定ができているか？
- 研究テーマが 1 つに絞られているか？
- 自分の実務で役立つ研究テーマか？
- バウンダリー・コンディションはどうか？

以下，研究テーマ設定の上記 4 つのポイントについて説明していく。

まず，「狭い範囲でのテーマ設定ができているか？」である。研究テーマと

して、「IT 業界の人材マネジメントの研究」をあげたとする。これはダメである。なぜダメなのかというと、テーマが広すぎるからである。人材マネジメントといっても、研究の切り口はいろいろ考えられる。具体的には、「スタートアップ期特有の従業員のモチベーションを向上させるためのリーダーシップの研究」「スタートアップ期とある程度安定期に入った場合の賃金制度設計における相違点の研究」といった形で、テーマを狭くすれば、どんどん狭くできる。国内 MBA の研究テーマは、このように狭い範囲で設定されているかという点がポイントになる。なぜなら、「IT 業界の人材マネジメントの研究」と言われても、具体性がなく、何を研究したいかがわからないからである。この研究テーマが狭く具体性のある形で設定されているかどうかを見られているのである。

　次が、「研究テーマが 1 つに絞られているか？」である。研究テーマとして、「IT 業界の人材採用と育成の研究」をあげたとする。これはダメである。なぜダメなのかというと、「採用」と「育成」という 2 つの要素が含まれているからである。研究テーマは 1 つに絞らなければならない。先に説明したとおり、「スタートアップ期特有の従業員のモチベーションを向上させるためのリーダーシップの研究」「スタートアップ期とある程度安定期に入った場合の賃金制度設計における相違点の研究」という形で、テーマは一本化していただきたい。

　3 つ目が、「自分の実務で役立つ研究テーマか？」である。国内 MBA の研究テーマは自分の実務に役立つものでなければならない。一般的な大学院の研究テーマであれば、先行研究を読み込んで、先行研究で未解決の領域を特定して、それを研究テーマとすればいい。しかし、国内 MBA では、このやり方では問題がある。それは実務に役立たないからである。国内 MBA での研究は、実務経験から導き出すのが理想である。この研究テーマが実務で役立つかという点が見られているのである。

　最後が、「バウンダリー・コンディションはどうか？」である。バウンダリー・コンディションとは、現実世界で理論が通用する範囲のことである。例

えば，IT 産業を適切に説明する理論が，鉄鋼産業をうまく説明するとは限らない。バウンダリーが狭すぎると，そもそも「普遍性」を求める理論の目的から脱却することを忘れてはならない（入山，2019）。

　上記は早稲田大学ビジネススクールの入山章栄教授の著書からの引用であるが，筆者の指導経験からも，このバウンダリー・コンディションは重要だと考えている。ある受験生で，MBA ホルダーの経営スキルに関する研究をしたいという方がいた。研究対象は，MBA ホルダーということであった。ただ，この研究対象は狭すぎないかと思い，もう少し研究対象を広げたほうがいいとアドバイスした。結局，MBA ホルダー，中小企業診断士など経営学に関して体系的に学んだ人を研究対象にすることにした。これは MBA や中小企業診断士などの資格に関係なく，経営学を体系的に学んだ人すべてを対象にしようということである。これによって，その方の研究対象は広がり，その方の研究成果を適用できる範囲が飛躍的に広がったのである。この例のように，研究対象をあまりにも狭く設定するのは良くない。「普遍性」を求める理論の目的から考えると，バウンダリー・コンディションは重要になる。この点を面接では見ているのである。

　以下の回答例が，上記の 4 つのポイントを押さえた理想的な回答である。参考にしていただきたい。

　なお，ここで説明した研究テーマの設定方法に関しては，筆者が2003年に執筆した『国内 MBA 研究計画書の書き方―大学院別対策と合格実例集―』（中央経済社）で詳細に説明しているので，そちらをお読みいただきたい。お読みいただければ，上記の 4 つのポイントをクリアした研究テーマ設定が可能になる。

［回答例］
　知名度の低いベンチャー企業が新卒採用をする際に何を重視すればいいのかを研究したいと考えています。その理由は，私は企業経営をしていて，新

卒採用をしていますが，欲しい人材の多くが大企業に就職してしまい，新卒採用がうまくいっていないからです。

　欲しい人材を大企業に取られてしまう状況ですが，彼らが大企業に就職しても3年未満で辞めてしまう方が多いのです。多くの方が，大企業では若手である限りは新規事業や新規プロジェクトのリーダーにはなれずに，自身の成長機会に不満を持って辞めているのです。弊社では，新入社員でもどんどんリーダーを任せますし，年俸も成果に見合って上がっていきます。どうせ辞めるなら，最初から弊社に就職すればいいと思うのですが，なかなかそうはいきません。そこで，ブランド力に劣るベンチャー企業が新卒採用で欲しい人材を獲得するためには，採用活動において何を重視すればいいのかを研究したいと思っています。そして，この研究成果を自社で活用するつもりです。また，弊社のように新卒採用で苦しむベンチャー企業や中小零細企業の経営者の皆さんにも研究成果をお伝えするために，本研究成果を日本ベンチャー学会などの学会で発表するつもりです。

> **質問㊾　あなたの研究の仮説を話してください。**

　この質問の目的は，ある程度研究テーマや内容に関して真剣に考えて調査をしっかりしているかを見ることである。研究テーマを設定したら，それを検証するための仮説が必要になる。例えば，先に研究テーマの良い例としてあげた「スタートアップ期特有の従業員のモチベーションを向上させるためのリーダーシップの研究」の仮説はどうなるのかを示して，仮説を設定することの重要性を把握していただく。

　仮説を設定する場合は，まず先行研究を読み込む。上記テーマの場合は，リーダーシップに関する先行研究を読む。そうすると，さまざまなリーダーシップ理論が学術的な世界では研究されていることに気づくはずである。例えば，トランザクショナル・リーダーシップ（Transactional Leadership），トラ

ンスフォーメーショナル・リーダーシップ（Transformational Leadership），
シェアード・リーダーシップ（Shared Leadership）である。これらリーダー
シップ理論をもとに仮説を立てるわけである。例えば，以下である。

> **（仮説1）** スタートアップ期のベンチャー企業においては，トランザクショ
> ナル・リーダーシップが従業員のモチベーションを向上させる。
> **（仮説2）** スタートアップ期のベンチャー企業においては，トランスフォー
> メーショナル・リーダーシップが従業員のモチベーションを向上
> させる。

このような仮説を研究計画書作成時点で持っておく必要がある。その研究計
画書に書いた仮説を面接でそのまま話せばいいわけである。

仮説設定には先行研究を読むことが必要になるが，まだ大学院に入学前であ
るため大学院の図書館は使えない。そこで，読者の皆さんは，国会図書館（有
楽町線，半蔵門線，南北線の永田町駅2番出口徒歩5分）に行って，先行研究
の調査をおこなっていただきたい。自宅のパソコンで先行研究の調査をおこな
いたい方には，CiNii という学術論文検索サイトがお勧めである。

なお，先行研究から仮説の設定をどのようにおこなうかの詳細は，筆者が
2003年に執筆した『国内 MBA 研究計画書の書き方―大学院別対策と合格実例
集―』（中央経済社）で説明しているので，そちらをお読みいただきたい。

6-2 リサーチ系の MBA 特有の質問

以下で提示する質問は，第3章で説明したリサーチ系といわれる国内 MBA
で質問される項目である。ゼネラリスト系の国内 MBA でも質問されることが
稀にあるので，ゼネラリスト系を受験する方も可能な範囲でいいので，考えて
おくといいと思う。ここに提示したような研究に関する専門的なことが確実に
質問されるのは，第3章で説明したリサーチ系の3校である。具体的には，筑
波大学（ビジネス科学研究群），一橋大学（金融戦略・経営財務プログラム），

横浜国立大学である。それ以外にも，第3章で中間型ということで説明した神戸大学，東京都立大学，法政大学でも，ここまで突っ込んだ質問ではないが，リサーチ系の質問がされている。よって，神戸大学，東京都立大学，筑波大学（ビジネス科学研究群），一橋大学（金融戦略・経営財務プログラム），法政大学，横浜国立大学を受験する方は，ここに紹介する質問に対する回答を用意しておく必要がある。

質問(50)　あなたの研究の新規性は何ですか？

この質問の目的は，自分なりの新規性を考慮して研究テーマや内容を考えているかを確認することである。先行研究を調査した上で，新規性のある研究テーマというのは，そう簡単にできるものではない。なぜなら入学前に十分な先行研究の調査をすることはできないからである。というのは先行研究を調査するための電子ジャーナルを簡単に利用できるわけではない。入学前に先行研究の調査をするとなると，先に説明したとおり国会図書館に行くかCiNiiを利用するしか方法はない。これでは十分な先行研究の調査はできない。なので，ある程度でいいので，自分なりの新規性を追求していただければ問題ない。そして，この質問にも，現時点で自分が考える新規性を回答すれば問題はない。

質問(51)　それでは全然新規性がないと思いますが，いかがですか？

先の「あなたの研究の新規性は何ですか？」という質問に回答した後に，圧迫面接として質問される典型的な形がこれである。この質問の目的は，どこまで真剣に研究をしようと考えているかを確かめることである。なので，上記のように言われても動揺する必要はない。冷静に対応しよう。「現時点ではご指摘のとおりかもしれませんが，入学後には新規性のあるテーマを見つけようと

思います」と回答すれば問題はない。

質問㊿　その研究の学術的な意義は何ですか？

　学術的な意義とは，既存の研究に何らかの要素をプラスすることである。要するに，既存の研究にはない独自の新しい何かを見つけることである。ただ，入学前の時点で，そんな学術的な意義などわかるはずはない。なので，これも圧迫面接である。正確な回答を求めているというよりも，あなたのストレス耐性や思考意欲・思考体力を見ていると考えるべきである。よって，この回答も現時点で自分が考える既存の研究にはない何か新しい点を回答すればいい。それで再度いろいろ突っ込まれるようなら，「現時点ではわかりません。今後勉強していきます」と答えて，圧迫から抜け出す道を探るのが最適な方法である。

質問㊾　研究方法はどのようなものですか？

　この質問の目的は，最低限の研究方法の知識があるかを見ている。研究方法には，量的アプローチ（Quantitative Approach）と質的アプローチ（Qualitative Approach）の2つがあるが，自分の研究テーマを探るには，どちらのアプローチ法で研究するのかを事前に考えておく必要がある。一般的には，量的アプローチ（Quantitative Approach）は理論の追試（Theory Testing）の際に用い，質的アプローチ（Qualitative Approach）は理論構築（Theory Building）の際に用いる。

　量的アプローチと質的アプローチに関しては，筆者が2003年に執筆した『国内MBA研究計画書の書き方―大学院別対策と合格実例集―』（中央経済社）で詳細に説明しているので，そちらをお読みいただきたい。同書では筆者が早稲田大学ビジネススクールで書いた修士論文をもとに，どのような場合に量的

アプローチを用いて，どのような場合に質的アプローチを用いるかの研究方法の区別の仕方について詳しく説明している。また，量的アプローチを用いる際の質問票の設計，データの収集の仕方，分析の仕方について説明している。質的アプローチでは，理論モデルの設定，インタビューによるデータ収集の仕方，モデルの修正という流れで説明している。どちらのアプローチに関しても，実際の修士論文のネタをもとに説明しているので，読者の皆さんが理解しやすくなっている。同時に，早稲田大学ビジネススクールを志望する方には，入学後に書く修士論文のイメージをつかむための材料として最適なものになっている。

質問㊴ データはどこから取得するのですか？

この質問の目的は，実際に研究するとなった場合に，本当にデータ取得ができるかを確認することである。リサーチ系の国内 MBA では，実際に自分でデータを取得して，そのデータを分析する場合も多い。実際に，筆者は修士論文作成のために，上場企業を対象にアンケート調査を実施した。このように自分でデータを取得して，検証するために，実際にデータが取得できるのかどうか，という点は重要になる。この点を事前に確認するための質問である。自分の研究内容は，どこからデータを取るのか。自社で持っているデータは研究に使えるのか。この点を事前に確認した上で面接を受けていただきたい。

質問㊵ ソフトウエアを使った統計解析ができますか？

この質問の目的は，取得したデータを解析できる最低限のスキルがあるかを確かめることである。リサーチ系の国内 MBA すべてで質問されているわけではないが，一応用意はしておいたほうがいい質問である。SPSS などの統計解析のソフトウエアが使えたほうが有利になる国内 MBA もある。SPSS でなく

てもエクセルでも統計解析はできる。なので，エクセルを使って自分で統計解析の練習をしてもいいと思う。

とはいっても，ソフトウエアを使った統計解析ができなければ合格できないというわけではないので，仮に現時点ではソフトウエアを使った統計解析ができなくても，入学後に頑張ってマスターしますと伝えれば問題ない。

7　ケース面接

本章の最後に，国内MBAで実施されているケース面接について紹介する。ケース面接といっても，コンサルティング会社でおこなわれるような本格的なケース面接ではない。また，「日本に温泉旅館は何件くらいありますか？」とか「東京都内にはタクシーは何台くらいあると考えられますか？」といったフェルミ推定問題を質問されることも筆者の指導経験上はない。

では，国内MBAでおこなわれているケース面接とはどのようなものだろうか。それは第4章で簡単に説明したが，論理力や発想力を試すなぞなぞや脳トレクイズのような「ブレインティーザー」という問題である。この「ブレインティーザー」による質問がおこなわれているのが慶應義塾大学大学院経営管理研究科である。

そして，もう1つは筑波大学大学院国際プロフェッショナル専攻でおこなわれている時事問題に関するケース面接である。これはケースというよりも，その年に話題となった時事問題が書かれた用紙が受験生に渡される。その年に話題になった時事問題であるので，例えば，消費税が上がった年は，「消費増税について」といった問題である。そして，消費税に関して，問題が提示されている。例えば，「消費税率を上げることのメリットとデメリットは何か？」「消費税を上げることによる社会的な影響は何か？」といった問題である。これに対して回答するのである。これが筑波大学大学院国際プロフェッショナル専攻でおこなわれている時事問題に関するケース面接の例である。こういった時事問題に対して，英語で回答するというものである。なので，ケース面接という

わけではないかもしれない。時事問題に関するディスカッションを英語でおこなうというものである。出題されるのは，時事的な問題である。「消費増税」「女性の社会進出」など，その年に話題になったことが質問されている。経営学とは関係ない時事問題である。なので，対策としては，新聞を読んでいれば問題ない。

　以上が，国内MBAで実施されているケース面接である。慶應義塾大学と筑波大学の2校だけなので，この2校以外を志望する方は，まったく準備は不要である。筑波大学も，時事的なことを英語でディスカッションするだけなので，特に難しいことはない。ということで，特別な対策が必要なのは慶應義塾大学のMBAだけなので，慶應義塾大学で質問されている「ブレインティーザー」の対策について，以下で説明することにする。なお，慶應義塾大学でも受験生全員に「ブレインティーザー」を質問しているわけではない。質問されていない受験生も多数いる。なので，「ブレインティーザー」が必ず課されているわけではないことはご了承いただきたい。

　「ブレインティーザー」とは，先に説明したとおり，論理力や発想力を試すなぞなぞや脳トレクイズのような問題である。例えば，以下のような問題である。ここでは，ジョン・ケイドー（2008）『ブレイン・ティーザー—ビジネス頭を創る100の難問—』（ディスカヴァー・トゥエンティワン）から問題と解答例を引用する。

表にアルファベット，裏に数字の書いてあるカードが4枚あります。

「表に母音が書いてあれば，そのカードの裏面の数字は偶数である」

という「命題」の真偽を確かめるには，以下のどのカードをひっくり返せばいいでしょうか？

A　J　4　9

[解　説]

　では，上記問題の説明をする。すぐに選びたくなるのは，「A」と「4」ではないだろうか。Aをひっくり返せば，Aは母音なので，そのカードの裏面が偶数かどうか確認できる。奇数が書いてあれば，命題は当てはまらないということになる。よってAは必ずひっくり返さなければならない。

　4はどうだろうか。実は，4の裏は母音でも子音でもどちらでもいい。なぜなら，偶数の裏が母音だけ，とはどこにも書かれていない。偶数の裏は母音でも子音でも問題ないのである。ということは，4はひっくり返す必要はない。

　Jはどうだろうか。Jは子音であるので，裏は奇数でも偶数でもどちらでもいいことがわかる。よってJもひっくり返す必要はない。

　9はどうだろうか。奇数の裏は，母音でも子音でもいいといえるか。そうはいえない。9の裏が母音であったならば，命題は誤っていると証明される。よって，9はひっくり返す必要がある。

　ということで，正解は，Aと9である。

　このような形が「ブレインティーザー」の具体例である。この「ブレインティーザー」の対策は，上記の問題や解答例が掲載された前掲書を各自で読ん

でいただければ問題ない。慶應義塾大学を受験する方だけ，同書を購入して勉強していただきたい。

第8章 大学院別の面接対策法

　本章では，第7章の国内 MBA の面接で聞かれる「55の質問」と回答のポイントを踏まえて，大学院別に面接対策を説明する。国内 MBA の面接は，研究計画書・志望理由書などの出願書類を前提におこなわれる。研究計画書や志望理由書に書いたことをもとに，それを深掘りする形で質問される。よって，大学院の出願書類の内容を調べると，自然に面接で質問されることが見えてくる。そこで，本章では，各大学院の研究計画書・志望理由書などの出願書類をもとに，大学院別に面接で質問される点を見つけ出して，皆さんにお伝えすることにする。

1　青山学院大学大学院国際マネジメント研究科

　青山学院大学大学院国際マネジメント研究科の出願書類は，志望理由書と課題エッセイの2つである。

［志望理由書］

　本学ビジネススクールへの入学志望理由について記述し，特に MBA の取得を自分のキャリアにどのように活かそうと考えているか述べなさい。

［課題エッセイ］

　過去の仕事（あるいは生活）において直面した最も大きな試練は何であったか，それをどのように克服してきたか，また現在ならそれをどのように解決しようと考えるか述べなさい。

志望理由書を見ると，志望理由，キャリア計画について書く必要があることがわかる。課題エッセイは，過去の仕事上の試練について書く必要がある。

この出願書類の内容を見ると，第7章で説明してきた「国内 MBA の志望動機に関する質問」「志望校に関する質問」「国内 MBA 修了後のキャリア計画に関する質問」「受験生の所属企業・業界に関する質問」「受験生個人に関する質問」を準備しておけばいいことがわかる。研究テーマに関しては，出願時点では求められていないので，「研究テーマに関する質問」に関する準備は不要である。実際，筆者の指導経験上からも青山学院大学大学院国際マネジメント研究科で研究テーマや研究内容に関して質問されたことはほとんどない。

よって，第7章の1〜47の質問に対する回答を準備しておけば問題はない。

なお，青山学院大学大学院国際マネジメント研究科では，第4章で説明した「言葉でビシバシ系」の圧迫面接がおこなわれる事例が過去には見られる。例えば，30代の受験生に，「まだまだ若造だね」とか「君の経験はたいしたことないね」といったことを言われている人がいる。なので，「言葉でビシバシ系」の圧迫がきても，動揺せずに，「おっ，きたぞ」と思い，冷静に対応していただきたい。

2　京都大学経営管理大学院

京都大学経営管理大学院の出願書類は，学修計画書である。以下のような5つの質問について記述するものである。

---

(1) 大学（学部）卒業後から今までに関わってきた社会人としての経験等について，特筆すべきものについて具体的に記述しなさい。どのような仕事等に関わり，何を学んだか，といった点について記述しなさい。
(2) 本教育部の志望動機について記述しなさい。
(3) 修了後の進路希望，学んだことを活かしてどのように社会的に活躍し

ようという意思を持っているのか，について記述しなさい。

(4) 現代のマネジメント上の課題は何か，自分が最も重要であると考え，その解決のために関わっていきたいと考えている課題について説明しなさい。

(5) 自己アピールについて自由に記述しなさい。

1つ目の質問は，過去のキャリアに関することであるため，「受験生の所属企業・業界に関する質問」「受験生個人に関する質問」を準備しておけばいい。

2つ目の質問は，志望動機であるので，「国内MBAの志望動機に関する質問」「志望校に関する質問」を準備しておけばいい。

3つ目の質問は，修了後のキャリア計画であるため，「国内MBA修了後のキャリア計画に関する質問」を準備しておけばいい。

4つ目の質問は，本書では説明していない経営学の視点が必要である。そのため，こちらは経営学に関して学んでいただいて，自分が考える現代のマネジメント上の課題について整理しておいていただきたい。

5つ目の質問は，自己アピールであるので，「受験生個人に関する質問」を準備しておけばいい。京都大学経営管理大学院は，研究テーマに関しては，出願時点では求められていないので，「研究テーマに関する質問」に関する準備は不要である。実際，筆者の指導経験上からも京都大学経営管理大学院で研究テーマや研究内容に関して質問されたことはほとんどない。

よって，第7章の1～47の質問に対する回答を準備しておけば問題はない。

なお，京都大学経営管理大学院では，第4章で説明した「言葉でビシバシ系」「ヘラヘラ意地悪系」の圧迫面接がおこなわれる事例が過去には見られる。例えば，「君の将来計画で，MBAがホントに必要なの？　必要性がわからないけど」といったことを言われている人がいる。なので，「言葉でビシバシ系」「ヘラヘラ意地悪系」の圧迫がきても，動揺せずに，「おっ，きたぞ」と思い，冷静に対応していただきたい。

3　慶應義塾大学大学院経営管理研究科

　慶應義塾大学大学院経営管理研究科の出願書類は，志願者調書である。以下のような3つの質問について記述するものである。

---

(1)　あなたは本研究科修士課程での勉強を通じて何を身につけたいと考えていますか。また，それを卒業後のキャリアにどのように活かしたいと考えていますか。次の2点を必ず含めできるだけ具体的に述べてください。
　　a．本研究科修士課程への志望動機
　　b．本研究科修士課程卒業後のキャリア計画
(2)　あなたはどのような地域活動，ボランティア活動，課外活動，サークル活動（大学・大学院時代）などをしてきましたか。
(3)　以上の項目以外に，学業や仕事上，あるいは資格（英語以外の語学，公認会計士等）で，あなた自身について特筆しておきたい点がありましたら，それを記述してください。資格については，それを客観的に証明する書類（コピー可）を提出書類と共に提出してください。

　1つ目の質問は，志望動機とキャリア計画であるので，「国内MBAの志望動機に関する質問」「志望校に関する質問」「国内MBA修了後のキャリア計画に関する質問」を準備しておけばいい。

　2つ目と3つ目の質問は，地域活動，ボランティア活動や個人の特筆すべき点であるので，「受験生個人に関する質問」「受験生の所属企業・業界に関する質問」を準備しておけばいい。

　慶應義塾大学大学院経営管理研究科は，研究テーマに関しては，出願時点では求められていないので，「研究テーマに関する質問」に関する準備は不要で

ある。実際，筆者の指導経験上からも慶應義塾大学大学院経営管理研究科で研究テーマや研究内容に関して質問されたことはほとんどない。

よって，第7章の1〜47の質問に対する回答と第7章の最後に説明した「ブレインティーザー」を準備しておけば問題はない。

なお，慶應義塾大学大学院経営管理研究科では，第4章で説明した「言葉でビシバシ系」「ヘラヘラ意地悪系」の圧迫面接がおこなわれる事例が過去には見られる。例えば，「君にケースメソッドの良さがわかるはずはない」とか「君の将来の進路は間違っている」といったことを言われている人がいる。なので，「言葉でビシバシ系」「ヘラヘラ意地悪系」の圧迫がきても，動揺せずに，「おっ，きたぞ」と思い，冷静に対応していただきたい。

4　神戸大学大学院経営学研究科

神戸大学大学院経営学研究科の出願書類は，経歴詳細説明書と研究計画書の7つの設問について記述するものである。

---

(1) **経歴詳細説明書**：これまでの仕事上のハイライトについて，自分はどのような努力をして，どのような結果をあげたのか説明してください。

(2) **研究テーマの概要**：当該研究テーマに取り組もうと思うに至った理由と目的を述べてください。

(3) **研究の背景となる経験・資源**：これまでの経験，職務経歴などに触れながら，それらが上記の研究テーマに対して，どのように関連しているのか述べてください。なお，研究において利用可能な情報源などにも言及してください。

(4) **研究の進め方**：当該研究テーマを追求するにあたって，どのような方法で研究を実施しようとしていますか。

(5) **志望動機**：特に本研究科を志望した理由を説明してください。

---

(6) **研究に関連する資格・技能・特技**：特に記述することがあれば，その概要を説明してください。なお，英語能力試験に言及する場合には，受験年度も明記してください。

(7) **就学環境**：学費援助，業務負担の軽減など職場のサポートの有無，個人研究時間，通学時間について，概要を説明してください。

(8) **将来のキャリア設計**：MBA取得後のキャリア設計を示し，本研究科での研究成果を今後仕事上でどのように活用するか，その期待や希望を述べてください。

　経歴詳細説明書，就学環境は，「受験生の所属企業・業界に関する質問」「受験生個人に関する質問」の準備をしておけばいい。

　研究テーマの概要，研究の背景となる経験・資源，研究の進め方，研究に関連する資格・技能・特技は，「研究テーマに関する質問」を準備しておけばいい。神戸大学は他の国内MBAと比較して，研究を重視しているので，この「研究テーマに関する質問」は特に力を入れて準備をしていただきたい。

　志望動機は，「国内MBAの志望動機に関する質問」「志望校に関する質問」の準備をしておけばいい。

　将来のキャリア設計は，「国内MBA修了後のキャリア計画に関する質問」を準備しておけばいい。

　ということで，神戸大学大学院経営学研究科は，第7章の55の質問に対する回答すべてを準備しておいていただきたい。

5　東京都立大学大学院経営学研究科

　東京都立大学大学院経営学研究科の出願書類は，志望理由書と研究計画書の4つの設問について記述するものである。

(1)　**志望理由書**：なぜ経営学を学びたいのか，なぜ本学経営学プログラム
　　を志望するのか。

(2)　**研究テーマ**：修士論文もしくは課題研究のテーマとして考えているこ
　　と。リサーチ・クエスチョンの形になっていることが望ましい。

(3)　**研究の意義**：その研究テーマにどのような学術上，あるいは実務上の
　　意義があるか。

(4)　**研究テーマに関連してこれまでに論文や専門書等で学んだこと，自分
　　で調べたこと，関連した職務など**：これまでに読んだ主な文献やアクセ
　　スした情報のリストを付すこと。

(5)　**今後の研究計画**：研究を進めていくにあたって今後どのような取り組
　　みが必要か。履修すべき科目，読むべき文献，習得すべき研究手法，ア
　　クセスすべきもしくはアクセス可能な情報源など。

　1つ目の志望理由に関しては，「国内MBAの志望動機に関する質問」「志望
校に関する質問」を準備しておけばいい。

　2つ目から5つ目の研究に関することは，「研究テーマに関する質問」を準
備しておけばいい。東京都立大学は上記の研究計画書の内容からもわかるとお
り，かなり研究重視型の国内MBAである。そのため，この「研究テーマに関
する質問」は特に力を入れて準備をしていただきたい。ただ，研究テーマを設
定した背景には，当然，自身の業務経験があるはずである。よって，「受験生
の所属企業・業界に関する質問」も準備しておく必要がある。

　以上から，東京都立大学大学院経営学研究科は，質問1〜13，28〜30，48〜
55に対する回答を用意しておけばいいことになる。ただ，質問されるケースは
少ないが，念のため「国内MBA修了後のキャリア計画に関する質問」「受験
生個人に関する質問」も用意しておくだけはしておいていただきたい。

　なお，東京都立大学大学院経営学研究科では，第4章で説明した「言葉でビ
シバシ系」「ヘラヘラ意地悪系」の圧迫面接がおこなわれる事例が過去には見

られる。例えば，「(学術的な意義を話してと言われ，何を答えても) そんなの
は学術的ではない」と否定され続けたり，「君の仕事，価値あるの？」といっ
たことを言われている人がいる。なので，「言葉でビシバシ系」「ヘラヘラ意地
悪系」の圧迫がきても，動揺せずに，「おっ，きたぞ」と思い，冷静に対応し
ていただきたい。

6　筑波大学大学院ビジネス科学研究群

　筑波大学大学院ビジネス科学研究群の出願書類は，研究計画書の5つの設問
について記述するものである。

---

(1)　問題意識・研究テーマ

(2)　関連研究

(3)　研究方法・研究スケジュール

(4)　期待される成果

(5)　参考文献

　上記の研究計画書の内容を見ていただければわかるとおり，筑波大学大学院
ビジネス科学研究群は研究テーマや研究内容に関することだけである。よって，
「研究テーマに関する質問」を準備しておけばいいことになる。ただ，研究
テーマを設定した背景には，当然，自身の業務経験があるはずである。よって，
「受験生の所属企業・業界に関する質問」も準備しておく必要がある。実際，
筆者の指導経験上も，筑波大学大学院ビジネス科学研究群では研究に関する質
問ばかりである。

　以上から，筑波大学大学院ビジネス科学研究群は，質問28〜30，48〜55に対
する回答を用意しておけばいいことになる。ただ，質問されるケースは少ない
が，念のため，「国内MBAの志望動機に関する質問」「志望校に関する質問」

「国内 MBA 修了後のキャリア計画に関する質問」「受験生個人に関する質問」に関しても簡単に準備しておいていだだきたい。

　なお，筑波大学大学院ビジネス科学研究群では，第4章で説明した「言葉でビシバシ系」「ヘラヘラ意地悪系」の圧迫面接がおこなわれる事例が過去には見られる。例えば，「（新規性は何？　と聞かれ，何を答えても）それって全然新規性ないよね〜」とか「そんな方法じゃあデータは集まらないよ」と言われた人がいる。なので，「言葉でビシバシ系」「ヘラヘラ意地悪系」の圧迫がきても，動揺せずに，「おっ，きたぞ」と思い，冷静に対応していただきたい。

7　筑波大学大学院国際プロフェッショナル専攻

　筑波大学大学院国際プロフェッショナル専攻の出願書類は，課題エッセイとして3つの設問について記述するものである。

---

1. What is the most significant change or improvement you made to the organization with which you were recently employed or are currently affiliated? Describe the process that you went through to identify the need for the change or improvement to the organization, how you managed the process of implementing the change, and describe the results.

2. What are your short-term and long-term career goals? How will the TSUKUBA MBA − IB degree contribute to your career goals?

3. Please describe in detail your plan for the Business Project (In-Company Project / Internships / Independent Research Report) and discuss how you intend to integrate the Project with your broader education and career goals.

1つ目の設問は，自分の仕事のことであるので，「受験生の所属企業・業界に関する質問」「受験生個人に関する質問」を準備しておけばいい。

　2つ目の設問はキャリア計画と筑波大学大学院国際プロフェッショナル専攻が自分のキャリアにどんな貢献をするかに関することであるので，「国内MBA修了後のキャリア計画に関する質問」「国内MBAの志望動機に関する質問」「志望校に関する質問」を準備しておけばいい。

　3つ目の設問は，筑波大学大学院国際プロフェッショナル専攻に入学後におこなおうと考えているビジネス・プロジェクトに関することであるので，「受験生の所属企業・業界に関する質問」「国内MBA修了後のキャリア計画に関する質問」を準備しておけばいい。ただし，リサーチ・ペーパー（修士論文）を選択した場合は，「研究テーマに関する質問」を準備しておく必要がある。この点は，自身のエッセイの内容によって準備する点が異なってくる。

　ということで，筑波大学大学院国際プロフェッショナル専攻は，第7章の1～47の質問に対する回答と第7章の最後に説明した時事問題に関するケース面接を準備しておけば問題はない。ただ，リサーチ・ペーパー（修士論文）を選択した場合は，「研究テーマに関する質問」を準備しておく必要がある。その場合，筆者の指導経験上，筑波大学大学院国際プロフェッショナル専攻の場合は，リサーチ系MBAのような研究に関する深い突っ込みはないので，質問50～55に対する回答の準備は不要である。

8　一橋大学大学院経営管理研究科（経営分析＆経営管理プログラム）

　一橋大学大学院経営管理研究科（経営分析＆経営管理プログラム）の出願書類は，学習と職務に関する経歴書と将来計画書の3つの設問について記述するものである。

（1）　学習と職務に関する経歴書
（2）　志望動機
（3）　入学後の計画
（4）　修了後の計画

1つ目の学習と職務に関する経歴書に関しては，「受験生の所属企業・業界に関する質問」「受験生個人に関する質問」を準備しておけばいい。

2つ目の志望動機は，「国内MBAの志望動機に関する質問」「志望校に関する質問」を準備しておけばいい。

3つ目の入学後の計画に関しては，入学後に予定している研究テーマや研究内容に関して書くことが一般的である。そのため，「研究テーマに関する質問」を準備しておけばいい。ただ，筆者の指導経験上，一橋大学大学院経営管理研究科（経営分析＆経営管理プログラム）の場合は，リサーチ系MBAのような研究に関する深い突っ込みはないので，質問50〜55の準備は不要である。

最後の修了後の計画は，「国内MBA修了後のキャリア計画に関する質問」を準備していただきたい。

ということで，一橋大学大学院経営管理研究科（経営分析＆経営管理プログラム）は，第7章の1〜49までの質問に対する回答を準備しておいていただきたい。

なお，一橋大学大学院経営管理研究科（経営分析＆経営管理プログラム）では，第4章で説明した「ノーリアクション系」の圧迫面接がおこなわれる事例が過去には見られる。何を答えても，「へぇ〜〜」「だから〜」といったリアクションをされた方がいた。なので，「ノーリアクション系」の圧迫がきても，動揺せずに，「きたぞ〜」と思い，冷静に対応していただきたい。

9 一橋大学大学院経営管理研究科（金融戦略・経営財務プログラム）

　一橋大学大学院経営管理研究科（金融戦略・経営財務プログラム）の出願書類は，志望理由・自己アピール，学習修士論文計画書，その他，の計12の設問について記述するものである。

Ⅰ．志望理由・自己アピール

　1．金融戦略・経営財務プログラムを志望する動機，背景，本プログラムで学ぶことで獲得したいこと，修了後のご自身のキャリアパスに関する構想について説明してください。

　2．これまでに最も自分を成長させた（最も困難だった）と考えることは何ですか。その理由，背景，メンバー，スキルについても具体的に記述してください。仕事に限らず，学生時代の部活動や現在の趣味でもかまいません。

　3．これまでにボランティア活動，社会・地域活動，サークル活動（大学以降の学生時代のものも可）などをしてきましたか。参加もしくは立ち上げた団体名，活動内容，期間，役割などがあれば記述してください。

　4．音楽，絵画，彫刻，建築，文学，哲学，スポーツなど，あなたが興味を持ち，評価するものがあれば，簡潔に記してください。

　5．取得資格，表彰など，特記したいこと，自分についてアピールしたいことがあれば自由に記述してください。

Ⅱ．修士論文計画書

　6．修士論文で取り扱いたい内容がわかるように論文の題目を簡潔に記述してください。

7．修士論文の作成に関して指導を希望する専任教員名を記述してください。複数の教員名をあげてもかまいません。

8．6であげた内容に興味を持った理由，どのような点を解明したいのか，その解明の方法などを説明してください。また参考文献，必要なデータ・ソフトウェアなどがあればあげてください。

Ⅲ．その他

9．英語力に関して，あてはまるものがあれば，具体的に記述してください。

(a) 英検・TOEFL・TOEIC 等の受験実績

(b) 海外勤務経験

(c) 留学経験

(d) 公表されている英語のレポートや論文の執筆

（英検・TOEFL・TOEIC などを受験している場合には，その点数を書き，得点表のコピーを同封してください。）

10．過去に修士論文，博士論文を提出し，審査に合格している（または合格見込み）場合，もしくは学術論文などを刊行している場合は，1．題目と2．概要を記してください。

11．以下のプログラミング言語・ソフトウエアについて利用したことがあるものを記入してください。

① R　　　　　④ MatLab

② Python　　⑤ C, C++

③ STATA　　⑥ その他（　　　　　　　　　）

12．企業派遣の方は社内選考の経緯や状況をお書きください。

　志望理由・自己アピールの5つの設問に関しては，「国内 MBA の志望動機に関する質問」「志望校に関する質問」「受験生の所属企業・業界に関する質問」「受験生個人に関する質問」を準備しておけばいい。

　修士論文計画書の3つの設問に関しては，「研究テーマに関する質問」を準

備しておけばいい。また，7つ目の設問に「修士論文の作成に関して指導を希望する専任教員名を記述してください」とあるので，「志望校に関する質問」で説明した「指導教授」に関しては詳細な調査をした上で決定していただきたい。希望する教授の著書だけでなく，学術論文まで読むこと。

　その他の4つの設問は，個人のスキルを問うものであるため「受験生個人に関する質問」を準備しておけばいい。

　ということで，一橋大学大学院経営管理研究科（金融戦略・経営財務プログラム）は，第7章の55の質問に対する回答すべてを準備しておいていただきたい。

　なお，筆者の指導経験上いえることは，一橋大学大学院経営管理研究科（金融戦略・経営財務プログラム）は統計的なアプローチを用いた研究を中心におこなっているため，数学ができると面接官に好印象を与えるということである。研究計画書作成時点で，分析手法を数式で提示するといいと思われる。筆者が指導していて，研究計画書に分析手法を数式で書いている人は皆さん合格している。

10　明治大学大学院グローバル・ビジネス研究科

　明治大学大学院グローバル・ビジネス研究科の出願書類は，研究計画書である。内容に関しては，細かな指示はなく，以下のようなものとなっている。

> 自身の職務経験や社会的活動から生じた問題意識や課題を叙述し，それに基づく本研究科での学習計画と研究テーマをそれぞれ作成してください。

　この設問では，まず自身の職務経験や社会的活動から生じた問題意識や課題を叙述することを要求しているので，「受験生の所属企業・業界に関する質問」「受験生個人に関する質問」を準備しておく必要がある。

次に,「本研究科での学習計画と研究テーマをそれぞれ作成してください」とあるので,明治大学大学院グローバル・ビジネス研究科への志望動機を実際に実施されている授業をもとにした学習計画を提示して説明する必要があるということなので,「国内 MBA の志望動機に関する質問」「志望校に関する質問」「国内 MBA 修了後のキャリア計画に関する質問」に関して準備しておく。その上で,研究テーマに関する記載も求めていることから,「研究テーマに関する質問」も準備しておく必要がある。ただ,筆者の指導経験上,明治大学大学院グローバル・ビジネス研究科の場合は,リサーチ系 MBA のような研究に関する深い突っ込みはないので,質問50〜55に対する回答の準備は不要である。

　ということで,明治大学大学院グローバル・ビジネス研究科は,第7章の1〜49の質問に対する回答を準備しておいていただきたい。

11　立教大学大学院ビジネスデザイン研究科

　立教大学大学院ビジネスデザイン研究科の出願書類は,志望理由書と課題エッセイの2つである。課題エッセイに関しては,5問出題され,受験生が1つを選択して解答する形式である。課題エッセイのテーマは毎年変更される。ここに掲載した事例は,2021年度のものである。

[志望理由書]
　あなたは大学院で修得する知識やスキルを,ご自身の現在の業務やこれからのキャリアデザインにどのように活かしていきたいと考えていますか。実務経験の中での具体的な課題を取り上げ,本研究科への志望動機と関連付けて述べなさい。

[課題エッセイ]
(1)　「GAFA」のような企業のサービスが個人の社会生活や企業の事業活

x

動の利便性を促進する一方で，EU の一般データ保護規則（GDPR）など，各国では個人情報収集に関する規制が進められています。こうした一部のプラットフォーマーが個人情報を独占している状況について，あなたの考えを述べなさい。

⑵　働き方改革により，在宅勤務やリモートワークへと切り替えが進んでいますが，ある企業の中には，開放的で快適なオフィス作りをすることで，会社に来て働いてもらおうという取り組みもおこなっています。こうした取り組みについて，その理由や効果を述べるとともにあなたの考えを述べなさい。

⑶　これまでの階層型の組織で上司による部下を管理するような組織に対し，フラットで上司が存在せず，個々の社員の自主性を尊重するような組織も登場しています。こうしたフラットな組織は日本企業にも適用が可能であるかについて，あなたの考えを述べなさい。

⑷　Google はマネジャー職を一時的になくしたことがあります。クリエイターやエンジニアなど創造的な仕事をする人にとって，彼らを「管理する存在」であるマネジャーは必要でしょうか。あなたの考えを述べなさい。

⑸　2015年に国連加盟国によって採択された「持続可能な開発目標（SDGs）」は各国の政策決定の指針となるだけでなく企業のイノベーションを促す機会としてもとらえられ，SDGs の達成に対する企業の積極的な取り組みが期待されるようになっています。日本企業はこうした SDGs の達成にどのような貢献ができるでしょうか。またそれはどのような機会となるでしょうか。あなたの考えを述べなさい。

　志望理由書の内容を見ると，「研究テーマに関する質問」以外は，すべての質問に用意しておく必要性が理解できる。「国内 MBA の志望動機に関する質問」「志望校に関する質問」「国内 MBA 修了後のキャリア計画に関する質問」「受験生の所属企業・業界に関する質問」「受験生個人に関する質問」である。

「研究テーマに関する質問」は立教大学大学院ビジネスデザイン研究科では不要である。

　課題エッセイに関しては，それぞれ専門知識を用いて書く必要があるが，自分が選択した設問に関しては，専門知識を学んで頭に入れておいていただきたい。

　ただ，筆者の受験指導経験をもとに考えると，課題エッセイに関する質問はあまりおこなわれておらず，本書で説明している「国内 MBA の志望動機に関する質問」「志望校に関する質問」「国内 MBA 修了後のキャリア計画に関する質問」「受験生の所属企業・業界に関する質問」「受験生個人に関する質問」が質問の中心である。

　ということで，立教大学大学院ビジネスデザイン研究科は，第 7 章の 1～47 の質問に対する回答を準備しておいていただきたい。

12　早稲田大学大学院経営管理研究科

　早稲田大学大学院経営管理研究科の出願書類は，課題エッセイとして 3 つの設問について記述するものである。

⑴　これまでの実務経験（または実務に相当する経験）の中で成し遂げたこと，および現在（離職中の方は直近）の担当業務に関する詳細（職務，職責，実績など）について説明してください。なお，常勤者としての実務経験が 3 年未満で全日制グローバルに出願する場合，実務経験 3 年に相当すると考えるご自身の経験があれば記載してください。また，実務経験 3 年未満の現時点で本研究科にて学ぶ必要性についても記載してください。

⑵　あなたのキャリアゴールを具体的に設定してください。それをどのように達成しますか。当研究科における学習・研究がその中でどのような

意味を持ちますか。

(3) 当研究科におけるあなたの志望プログラム（夜間主プロフェッショナルへの志願者は，志望する専修・モジュール）への期待と入学後に予定している研究テーマについて，以下の項目に言及した上で具体的に述べてください。

- テーマ
- 当該テーマに取り組もうと考えた理由（課題・仮説）

1つ目の設問は，自分の仕事のことであるので，「受験生の所属企業・業界に関する質問」「受験生個人に関する質問」を準備しておけばいい。

2つ目の設問はキャリア計画と早稲田大学大学院経営管理研究科で学ぶ意味に関することであるので，「国内 MBA 修了後のキャリア計画に関する質問」「国内 MBA の志望動機に関する質問」「志望校に関する質問」を準備しておけばいい。

3つ目の設問は，研究テーマに関することであるので，「研究テーマに関する質問」を準備しておけばいい。ただ，筆者の指導経験上，早稲田大学大学院経営管理研究科の場合は，リサーチ系 MBA のような研究に関する深い突っ込みはないので，質問50〜55に対する回答の準備は不要である。

ということで，早稲田大学大学院経営管理研究科は，第7章の1〜49の質問に対する回答を準備しておいていただきたい。

なお，早稲田大学大学院経営管理研究科では，第4章で説明した「言葉でビシバシ系」「ヘラヘラ意地悪系」の圧迫面接がおこなわれる事例が過去には見られるので，「言葉でビシバシ系」「ヘラヘラ意地悪系」の圧迫がきても，動揺せずに，「おっ，きたぞ」と思い，冷静に対応していただきたい。例えば，「（志望動機をキッチリ話しているのに）言ってることがわからない」とか「この研究なら別の大学院に行ったほうがいいよ」といった圧迫面接である。

第 **9** 章　実際の面接実況中継と解説

　本章では，国内 MBA の面接が実際にどんな感じなのか，雰囲気を理解していただくために，過去の受験者の面接事例を組み合わせて，わかりやすい実況中継形式に再現してみた。これをご覧いただくことで，実際の面接のやりとりを臨場感をもって体験していただけると思う。面接実況中継に，第 7 章で説明した面接の質問に対するポイントをもとにアドバイスをしているので，あわせて参考にしていただきたい。

　なお，ここでは 2 つの面接の事例を紹介するが，1 つ目がゼネラリスト系 MBA で，もう 1 つがリサーチ系 MBA である。

　本章のページ構成は，左ページに面接実況中継，右ページにポイント解説を掲載するという形になっている。この点をご理解いただいた上でお読みいただきたい。

1 ゼネラリスト系 MBA の面接実況中継

面接官：志望動機を話してください。※1

受験者：私は将来家業を継ぐ予定です。家業を継いで自身が代表となって組織を率いることを考えた場合に，今，経営学全般に関して学ぶ必要性を感じて国内 MBA を志望しました。具体的に，私の経歴をお話した上で，MBA の志望動機を納得していただけるようにお話します。

　私は，大学卒業後，○○銀行に就職しました。そこでは法人の顧客を対象に営業をおこなっております。法人営業の主な業務内容は，企業などの法人顧客に対して，融資や預金などの金融サービスを提供することですが，顧客の中心は企業ですから，「金融を通じての経営，事業支援」が業務の目的です。具体的な業務内容は，「企業の事業設備資金や事業運転資金の貸付け」「融資提案」「事業承継のサポート」「M&A のサポート」です。これらサポートをおこなっておりますが，経営学でいう「ヒト・モノ・カネ」のうち，私が専門的な知識があるのは「カネ」の分野だけです。顧客企業の経営戦略やマーケティング戦略や IT を用いた情報戦略などは，私にはわかりません。このギャップを埋めて，法人顧客に，カネの分野だけではなく，総合的なアドバイスをしたいと思って MBA を志望しました。

　そして，銀行で総合的な経営スキルを身につけた後に，家業を継ごうと考えています。この当面の目標である家業を継ぐということを考えた場合に，MBA での学びによって，最短でそれが実現できると思い志望しました。※2

面接官：よくわかりました。では，数ある国内 MBA の中で，どうして当校を選んだのですか？

1 ゼネラリスト系 MBA の面接実況中継〈ポイント解説〉

※1 第7章の質問1で説明したとおり，国内 MBA の面接で最初に質問される
るのが，志望動機である。志望動機を最初に質問する目的は，第7章で説明
したが，「国内 MBA というのは，経営学全般を学ぶゼネラリスト教育の場
であることを受験生が理解しているかを把握するため」「これから面接をす
るにあたっての会話のきっかけを提供してほしい」という点である。この点
に注意して回答しよう。

※2 第7章の質問1で説明したポイントを押さえた回答ができていて良い回
答である。国内 MBA が，経営学全般を学ぶゼネラリスト教育の場であるこ
とを理解した上での回答ができている。また，〇〇銀行という固有名詞を用
いているため，会話のきっかけを提供することができている。

受験者：貴校を志望した理由は2つあります。

　　　　1点目は，貴校には事業承継を専門にしたコースがあるからです。私の MBA 進学目的は家業を継ぐことです。家業は売上○○億円の伝統的な中小企業です。貴校以外の MBA を調べたところ，大企業の方を対象にしたカリキュラムが組まれている大学院が多いと感じました。貴校のような中小企業やベンチャー企業の経営に関するカリキュラムの設置がされている大学院は多くありませんでした。それが1点目の理由です。

　　　　2点目は，人脈形成に関してです。貴校には，私のような家業を継ぐ人だけでなく，起業家，そして大企業の会社員の方など幅広い学生が在籍しています。私は家業を継ぎますが，将来的には，大企業との業務提携などさまざまな方向性を模索していきたいと考えています。そういったときに，多様な学生が在籍する貴校は魅力的だと思い志望しました。※3

面接官：事業承継のカリキュラムがあったり，多様な学生がいるという点では，A大学やB大学も該当すると思うが，どうしてA大学やB大学ではなく，当校を志望しているのですか？

受験者：それは貴校には，私が研究したい分野を専門とする教授がいるからです。私は，家業を継ぐ際のリーダーシップについて研究したいと考えています。具体的には，創業経営者から2代目にバトンタッチする際に，スムーズに移行するためには，2代目はどのようなリーダーシップを発揮すべきか，という点に関して研究したいと考えています。2代目は創業者と比較すると，どうしてもカリスマ性や野性味に欠けます。その場合に，事業承継をスムーズにおこなうために，2代目に必要となる要因に関して研究したいのです。

　　　　このテーマに関して，先行研究を読んでいた際に出会ったのが貴校の○○教授の著書でした。○○教授の著書には，2代目が直面する問題に関して書かれていて，まさに私が直面している問題に関して書かれていました。

※3　「事業承継を専門にしたコースがある」「人脈形成」という2つの理由では，なぜ〇〇大学のMBAを選んだのですか？　という点の説明としては不十分である。そのため，回答後に「事業承継のカリキュラムがあったり，多様な学生がいるという点では，A大学やB大学も該当すると思うが，どうしてA大学やB大学ではなく，当校を志望しているのですか？」という突っ込みをされている。ここはやはり第7章の質問9で説明したように，「自分が研究したい分野の教授がいるか？」という点を含めて回答する必要がある。

さらに詳しく調べるために○○教授の学術論文を読みました。その論文の「将来的な研究の課題」が提示されていて，その課題に私の上記の問題意識が合致したのです。そのために，貴校しか考えていません。※4

面接官：なるほど。わかりました。では，次の質問ですが，研究テーマに関してです。創業経営者から2代目にバトンタッチする際に，スムーズに移行するためには，2代目はどのようなリーダーシップを発揮すべきか，という点に関して研究したいということですが，これに関して，自分なりの仮説はお持ちですか？

受験者：はい，研究計画書に書いたとおりですが，より強い組織文化を形成することだと考えています。組織文化とは，その組織特有の価値観であり信念です。弊社にも弊社特有の組織文化があります。この文化を強くし，組織の隅々まで浸透させることです。これによって，組織メンバーの方向性や価値観などが一致しますので，2代目が創業者ほど強い個性がなくても，組織には慣性がありますので，創業者がいたときの流れが継続していくと考えています。すなわち，2代目に創業者のようなカリスマ型のリーダーシップを求めなくてもいい形が作れるのです。

　もう1つの仮説が，創業者とは異なる形のリーダーシップを発揮することです。創業者はカリスマ型リーダーシップですが，例えば，関係指向型のリーダーシップなど2代目の個性を活かしたリーダーシップスタイルに変更することです。この点に関しては，先行研究を読みましたが，どのようなリーダーシップが適切かはわかりません。この点も入学後に研究したいと考えています。※5

面接官：なるほど。仮説はそれだけですか？　他の視点はありませんか？※6

受験者：現在，私が考えている仮説は先の2点だけです。

※4　突っ込まれたので，自分が研究したい分野の教授がいるということを説明した部分である。第7章の質問9で説明した圧迫面接の形である。第4章で説明した「ヘラヘラ意地悪系」の質問である。この「ヘラヘラ意地悪系」の質問に対して，指導を希望する教授の著書や論文を読んだ上での回答ができているので，内容としては良い回答である。余計な突っ込みどころをなくすために，「数ある国内MBAの中で，どうして当校を選んだのですか？」の回答の中に，この指導教授に関する回答を含めたほうがいい。そうすれば「ヘラヘラ意地悪系」の圧迫面接を回避することができる。

※5　仮説に関しては，第7章の質問49で説明したとおり，先行研究をもとに設定しておけばいいのだが，この仮説はその点が良くできている。良くできているが，次の質問のとおり，圧迫面接が始まるキッカケになっている。

※6〜8　第4章で説明した「言葉でビシバシ系」の圧迫面接の事例である。こういう質問には，動揺せずに冷静になって回答しよう。先の仮説はまったく問題ないので，特に引け目を感じることはない。

面接官：それだけですか～。それじゃあ仮説とは言えないよ。他はないの？※7

受験者：え～と…。（考え込む）

面接官：他の仮説を言ってほしいんです。※8

受験者：今，私が言える仮説は先の2点だけです。他の仮説は，貴校に入学後にゼミで学ぶ中で見出していこうと思っています。現状では，この2点だけです。すみません。※9

面接官：そうですか。わかりました。では，将来の計画ですが，家業を継いだ後は，どのような計画をお考えですか？

受験者：弊社の○○器具の分野は日本国内では成熟しています。そこで，私は入社後に従業員の方々と信頼関係を形成した上で，新規事業を立ち上げようと考えています。それは，弊社の○○器具を使う際に必要となるドローンを活用したサービスです。このサービスをおこなっている企業はありませんので，ぜひ私がイノベーターになりたいと考えています。※10

面接官：そうですか。○○器具の市場規模ってどのくらいですか？

受験者：国内では年々衰退しておりまして，日本○○業協会が出している2016年の『○○統計』のデータによると○○円です。前年比でマイナス15%です。※11

面接官：それは衰退市場ですね。御社はどのように対応しているんですか？

受験者：海外市場は成長しているので海外に進出しています。現状は，インド

※9　この回答は圧迫を遮るには上手な答え方である。こう言われると，面接
　　官も，それ以上，突っ込んでくる余地がなくなる。このような形で，圧迫を
　　上手に遮る回答を事前に考えておくのが最適な圧迫対策である。

※10　キャリア計画に関して，具体性があり良い回答である。

※11　第７章の質問22，23で説明したとおり，自社製品の市場規模や市場成長
　　率（衰退率）を把握しておくと，このような的確な回答ができる。事前に調
　　べておこう。

とタイと中国です。

面接官：話は変わりますが，御社の創業者であるお父さんの経営者としての強みと弱みを話してくれませんか？

受験者：父は創業社長ですので，創業社長ならではのカリスマ性があると思います。また決断が早いです。国内市場が衰退すると気づくと，いち早く海外に進出しました。ライバル企業よりもこの決断は早かったです。弱みは，強引な点だと思います。今の時代にはパワハラといわれかねないこともするタイプです。そのため私が早めに社長になる必要があると思っています。※12

面接官：では，あなたが経営者になった場合の強みと弱みは何ですか？

受験者：私の場合は，父と逆です。強みは相手の気持ちを優先させて考える気配りができる点です。弱みは，父のようなカリスマ性や強引さがない点です。※13

面接官：英語力はどうですか？

受験者：英語力はTOEICで780点です。入学後に原書の学術論文を読むにはまだ足りませんので，現在TOEICスクールに通い勉強中です。入学までにTOEICで900点は超えるようにがんばっています。※14

面接官：そうですか。ぜひ，がんばってください。では，数学はいかがですか？　統計学はわかりますか？

受験者：もともと文系ですので，統計学がすぐにできるかというとできません。

※12　第7章の質問33，34で説明した「強み＆弱み」について現社長である父
　　に関して質問されている。事業承継の方は，現社長の「強み＆弱み」に関し
　　ても質問される場合があるので，回答を準備しておこう。

※13　第7章の質問33，34で説明したとおりになっていてよくできた回答であ
　　る。

※14　TOEIC780点はすでにある程度のレベルにはあるが，第7章の質問37で
　　説明したとおり，現状での英語力向上のための取り組みを示せているので好
　　印象を与える。

この点も，MBA では統計学などの数学が必要になるということはわかっていますので，今，大人が学ぶ数学という教室がありまして，そこに通って勉強中です。※15

面接官：大人が通う数学の教室があるんですね。ぜひ，がんばってください。では，最後に，あなたが当校に入学した場合に，ゼミや授業に貢献できる点は何か話してください。

受験者：私は現在金融機関に勤務していますので，財務諸表を読んで経営分析することはできます。これは金融機関に勤務していたからこそ身についたスキルです。このスキルをもとに，ゼミや授業では，財務的な視点で発言ができますし，アドバイスもできます。また，私は幼少期から会社を営む父の背中を見て育ってきました。経営者であるがゆえのつらさや悩む姿も見てきました。そんな幼少期から見てきた経営者としてのつらさというのを発信することで，これから経営者を志す皆さんの参考になることができると考えています。※16

2　リサーチ系 MBA の面接実況中継

面接官：志望動機を話してください。

受験者：私は現在，○○社で戦略策定部門に勤務しています。その中で，経営戦略策定プロセスに関して，興味を持ち，この点を深く研究したいと考え志望しました。○○業界に身を置く私は，ダイナミックな環境変化が繰り返し起きていることを実感しています。例えば，A社は，大型○○に関する技術を新製品に取り入れて，ブームを作りシェア拡大に成功しましたが，その売れ筋商品も，別のファミリー向け商品が登場すると一転してシェアを失いました。また，B社も，ターゲット・ユーザーの絞り込みと差別化

※15　第7章の質問38で説明したとおり，数学や統計学は今はできないが，克服に向けて努力している姿を見せているので，好印象を与える。

※16　第7章の質問43で説明したとおり，他の学生と比較した独自の強みがあるかを知るための質問である。金融機関で学んだスキルも有効であるが，「幼少期から見てきた経営者としてのつらさというのを発信する」という点は，事業承継するこの受験者ならではの点であるので，こちらはかなり有効である。

2　リサーチ系MBAの面接実況中継〈ポイント解説〉

した商品によって，新たな市場の創出に成功しましたが，競合他社からの模倣によって，その独自性を失い，戦略の再構築を余儀なくされています。また，すべての○○メーカーは，自然環境問題に対応するための技術開発競争，異業種からの他社参入，グローバルなレベルでの合従連衡など，さまざまな環境変化要因に見舞われておりまして，各社ともに新たな戦略の必要性に迫られています。こうした状況を考えますと，現在の企業経営に必要なことは，環境変化を前提とした「戦略策定プロセス」を社内に構築することだと考えています。この研究をするために，MBA を志望しました。※1

面接官：わかりました。では，研究テーマと内容について話してください。

受験者：私の研究テーマは，ダイナミックな環境変化に適応した「経営戦略策定プロセスモデル」を構築して，その有効性を実証的に検証することです。ここでいう経営戦略とは，先行研究を踏まえて，企業や事業の将来のあるべき姿とそこに至るまでの変革のシナリオを描いた設計図と定義します。また，その策定の場としては，3 年から 5 年ごとに策定される中期経営計画を想定しています。これは，経営環境がより一層ダイナミックに変化する中で，10年程度先を見据えた長期計画を策定する企業は減少しているからです。※2

面接官：この研究テーマの実務的な背景を御社でのご自身の経験から説明してください。

受験者：はい。私は，○○社の国内営業部門の戦略策定部署で，部門中期経営計画策定業務を担当しています。その中で，○○社のトップ・マネジメントが最も重視しているのが，戦略策定プロセスそのものだと実感しています。そして，今おこなわれている次期中期経営計画策定プロセスは，まさ

※1 第7章の質問4で説明したとおり，リサーチ系MBAでは，研究目的で志望したと回答して問題ない。ゼネラリストを前面に出す必要はない。この受験者は，「経営戦略策定プロセスに関して，興味を持ち，この点を深く研究したいと考え志望した」と回答しているが，このような研究目的での進学ということで問題はない。

※2 経営戦略とは何か，先行研究を踏まえた定義を回答できている点が評価される。

にダイナミックな環境変化にも柔軟に対応できる戦略策定プロセスを社内に確立する必要性が高いのです。私は，この大規模な実験の場ともいえる，今の○○社の取り組みを自らの研究対象とすることで，理論的貢献のみならず，今後のトップ・マネジメントへの提言という形で，実践的な貢献も果たしていきたいと考えています。[※3]

面接官：わかりました。では，研究のポイントは何ですか？

受験者：ミンツバーグが示していますが，経営戦略には通常の計画された戦略だけでなく，戦略を実行していく過程で修正された結果生まれた創発的戦略が存在します。私の研究では，その計画的および創発的戦略の2つの戦略が策定されるプロセスに焦点を当てようと考えています。[※4]

面接官：もう少し詳しく説明してください。

受験者：企業を取り巻く環境がダイナミックに変化する環境下では，企画部署において戦略を策定するだけでなく，環境変化を肌身で感じている現場のミドル・マネジメントに戦略策定を委ねる必要があります。企業の将来環境の不確実性が高まってきている中ではミドル・マネジメントによる創発的戦略を，全社レベルの経営戦略に反映することができるかが重要です。そこで，ミドル・マネジメントによる創発的戦略を，全社レベルの経営戦略に反映するにはどのようにすればいいのかを明らかにするという点が，私の研究のキーポイントになります。[※5]

面接官：研究したいことはわかりましたが，あなたの研究の新規性って何ですか？[※6]

受験者：IT化，AI化の中で激動期の○○業界において，今現在のミドル・マ

164

※3 実務における本研究テーマの必要性がアピールできていて理想的な回答である。

※4 ミンツバーグの創発的戦略という先行研究に存在する理論を用いて研究することを訴えているが，この説明だけでは不十分だったようで，再度質問されている。

※5 研究内容をより掘り下げて，「ミドル・マネジメントによる創発的戦略を，全社レベルの経営戦略に反映するにはどのようにすればいいのかを明らかにするという点が，私の研究のキーポイントです」と回答しているが，このくらい具体性があれば納得される。

※6 第7章の質問50で説明したとおり，リサーチ系MBAでは必ずといっていいほど質問される点である。

ネジメントによる創発的戦略の活かし方を探るという点で新規性があると思っています。

面接官：それって新規性って言わないと思うよ。だって，あなた以外の〇〇業界の人がたまたま同じテーマだったり，似たようなテーマだったりした場合もありえるでしょ。[※7]

受験者：は，はい。おっしゃるとおりです。

面接官：じゃあ，新規性は何なの？[※8]

受験者：今のところ，先ほど申し上げた点しか考えていません。入学後にもっと多くの先行研究を読んで，新たな新規性を探したいと思っています。[※9]

面接官：まだまだだね。じゃあ，次の質問ですが，分析対象の単位はどういったものになりますか？　会社全体ですか，個人ですか？

受験者：中期経営計画策定プロセスを調査対象にしますから，会社全体ということになります。

面接官：調査対象は，どういった方々になるのですか？

受験者：中期経営計画の骨子となる個別の戦略を策定する各タスクチームの方々です。[※10]

面接官：それだと，分析単位は，そのチームということになりますね。そのチームはどのくらいあるのですか？

※7・8　第4章で説明した「言葉でビシバシ系」の圧迫面接である。こうい
　　う質問には，動揺せずに冷静になって回答しよう。

※9　この回答は圧迫を遮るには上手な答え方である。こう言われると，面接
　　官も，それ以上，突っ込んでくる余地がなくなる。このような形で，圧迫を
　　上手に遮る回答を事前に考えておくのが最適な圧迫対策であるう。

※10・11　第7章の質問54で説明したデータ取得に関する質問である。どこか
　　らデータを取得するかは，必ず事前にしっかり考えておこう。この受験者は，
　　タスクチームを対象にしているため，分析に必要な情報を十分得られるかを
　　確認するために，タスクチームはいくつあるか質問されている。この受験者
　　は質問53の研究方法論部分で説明した質的アプローチを用いて研究をおこな
　　うため，タスクチームが10あれば問題はない。ただ，量的アプローチを用い

受験者：約10のタスクチームがプロジェクトとして動いています。それぞれの
　　　　チームにヒアリング調査をする予定です。※11

面接官：社内のデータは利用できますか？※12

受験者：調査資料として利用することはできます。もちろん具体的な経営戦略
　　　　に関わるデータですから，直接そのデータを引用して公表はできませんが，
　　　　そのデータを分析した結果の戦略策定プロセスについては，論文で公表し
　　　　ても問題ないと考えています。

面接官：K. Yin の方法と Strauss & Corbin の方法は，両方使うには矛盾した
　　　　ところがありませんか？

受験者：はい，たしかに Yin は，まず先行研究から命題を設定して，それを
　　　　検証するために調査に臨むという厳密な仮説検証型のアプローチを採用す
　　　　べきだとしています。一方，Strauss & Corbin は，客観性を重視していて，
　　　　ほぼ白紙の状態で調査に臨むべきという，いわば探索的なアプローチを
　　　　採っています。私は客観性が重要なのはもちろん，厳密なまでとは思いま
　　　　せんが，仮説検証型アプローチも重要だと考えています。それは，事前に
　　　　命題または仮説を持つことによって，通常聞き逃してしまうような調査対
　　　　象の発言などにも気づく可能性が高まると考えるからです。よって，K.
　　　　Yin の方法と Strauss & Corbin の方法のいいとこ取りができればと考え
　　　　ています。ただ，これは現在私が彼らの著書を読んで感じていることです
　　　　ので，入学後に適切なご指導をいただければと考えています。※13

面接官：あなたの研究のアウトプットのイメージは？　一言で。

受験者：（財務的成果をあげている企業の）戦略策定プロセスを示すことです。

る場合は，質問票調査をおこなうことになるので，サンプルは多いほどいい。なので，量的アプローチで研究をする方は，このデータ取得先とサンプル数に関しては，しっかり考えておこう。

※12　第7章の質問54で説明したとおり，自社で保有しているデータを使えるかどうかは重要な点である。この点は，事前に自社のデータを研究に使用可能かどうか確認しておこう。

※13　第7章の質問53で説明した研究の方法論に関する質問である。入学前に，詳細な研究方法論を知っている方はそれほどいないのに，あえてこのようなことを質問してくるのは圧迫面接の一つである。この受験者は，質的アプローチとして，ロバート・K. インの「ケーススタディ・リサーチ」，そして，ストラウス＆コービンの「グラウンデッド・セオリー」を組み合わせて研究を進めるという回答になっている。この回答はこれでいいと思う。それぞれの研究方法論をここで説明するのは本書の目的ではないので，質的アプローチを用いる方は，以下の2冊を読んでアプローチ法を自分なりに考えていただきたい。

• ロバート・K. イン［著］，近藤公彦［訳］（2011）『新装版 ケース・スタディの方法（第2版)』千倉書房
• ジュリエット・コービン，アンセルム・ストラウス［著］（2012）『質的研究の基礎—グラウンデッド・セオリー開発の技法と手順—』医学書院

面接官：だとしたら，戦略策定プロセス自体の良し悪しは，どのように判断するのですか？※14

受験者：調査対象は個別戦略を策定するタスクチームですが，このタスクチームだけにヒアリングするのではなく，前工程や後工程の部署にヒアリングをすることによって確認できると思います。すなわち，前工程である全社戦略検討の部署や，後工程である戦略実行部署へのヒアリングで，この一連の戦略策定プロセスへの評価がどのようなものであるのかを確認することができます。

面接官：統計的な知識はありますか？※15

受験者：はい。社内の個別課題を解決するタスクチームで，6Σ（シックス・シグマ）のような活動をおこなった経験があります。そこで，SPSS ではありませんが，Stat Works という統計解析ソフトを利用した経験があります。

※14　戦略策定プロセス自体の良し悪しをどう判断するのか？　というかなり
　　突っ込んだ質問であるが，この受験者は事前に用意していた回答をして無事
　　かわすことができた。質的アプローチの場合は，量的アプローチと異なって，
　　定量的な判断基準がないので，自分の研究したいことの良し悪し（高低）な
　　どをどう評価するのかは，事前に考えておいていただきたい。

※15　第7章の質問55で説明した統計学に関する質問である。統計学の数学的
　　知識があれば，それを答えればいいし，数学的な知識がなくても，この受験
　　者のように統計解析のソフトウエアを使いこなすスキルがある場合は，ソフ
　　トウエアを使った解析スキルについて回答すれば問題ない。

9
実際の面接実況中継と解説

第10章 国内 MBA 受験のための推薦図書

　ここでは国内 MBA を受験するにあたって筆者がお勧めする本を紹介する。筆者は，国内 MBA を修了し，国内 MBA 受験の講師をしているので，経営学関連の本はたくさん読んでいる。たくさん読んでいる本の中から，本章で紹介するために何冊か本を選んだ。選んだ基準は，専門的な経営学の内容を，初心者にも理解できるように，わかりやすく説明しているという点である。ここで紹介している本は，経営学の専門的な内容になっているが，驚くほどスラスラ読める本である。そういう意味では，紹介した本の著者は，わかりやすい文章を書く能力があるといえるかもしれない。いずれにしても，読者の皆さんが，経営学をゼロから学ぶことを考えて，最短で最良の書に出会うことができるようにとの願いを込めて紹介する。なお，上記の主旨で選択しているため，最新の書籍ではないものも多くある。知識には，陳腐化するものと普遍性を持つものがある。そういう意味では，ここで紹介する本に書かれていることは，一時的な流行とは無縁の，ある意味，普遍性を持つものである。そのため，本が書かれた年度などは気にせずに，読んでいただきたい。

1　三枝匡（2002）『戦略プロフェッショナル』日経ビジネス人文庫

　株式会社ミスミ元 CEO の三枝匡氏による経営戦略論の基本書である。経営学の初心者が MBA 受験を考え始めたときに読む基本書である。筆者が早稲田大学ビジネススクールに在学していた当時から読まれており，現在でも国内MBA 受験の基本書としてロングセラーを続けている書籍である。ここまで長く愛される理由を筆者なりに考えてみると，わかりやすさと実践的という２点

である。

　わかりやすさは，初心者でもスラスラ理解できるような読みやすさがあるということで，実践的というのは，小説のような経営学ストーリーが描かれており，そのストーリーが実際のビジネスですぐに使えるように工夫されているのである。

　具体的には，鉄鋼会社のサラリーマンであった広川洋一が関連会社である新日本メディカルに常務取締役として出向して，さまざまなMBA的な手法を用いて競合他社との戦いに挑んでいくストーリーが経営学の初心者でも理解できるようにわかりやすく書かれている。MBAで学ぶ基礎知識である「プロダクト・ライフ・サイクル」「市場のセグメンテーション」などが実際の戦略構築の実務でどのように活かされるのかを理解することができるのである。

　MBA受験のための基礎知識の習得，MBAが実務でどれだけ有効なのかの理解，双方にとって有効な書籍である。経営学の初心者の方には，最初に読んでいただきたいお勧め書籍である。

2　沼上幹（2009）『経営戦略の思考法』日本経済新聞出版社

　一橋大学大学院経営管理研究科経営管理プログラムの沼上幹教授の著書である。経営戦略の理論をわかりやすく説明し，その上で，その理論を日本企業がどのように利用すると競争に勝てるのか，ということがスラスラ頭に入る素晴らしい本である。

　経営戦略論には，さまざまな学説があるが，その学説を5つに分けて，わかりやすく説明している。アンゾフ，スタイナー，アンドリュースなどの戦略論を「戦略計画学派」，ミンツバーグ，バウアーなどを「創発戦略学派」，ポーターの「ポジショニング・ビュー」，バーニー，伊丹などの「リソース・ベスト・ビュー」，最後に「ゲーム論的経営戦略論」という5つの学派を提示して，それぞれを解説している。本書でも，第6章で「ポジショニング・ビュー」

「リソース・ベースト・ビュー」を説明したが，より深く学びたい方は，ぜひ同書をお読みいただきたい。また，同書は，戦略論だけでなく，戦略論の歴史も一緒に学ぶことができる最高の書籍である。同書を読めば，経営戦略論の基礎理論はばっちりマスターできる。

　その経営戦略論をもとに，なぜ日本企業は勢いがなくなったのか，どうすれば昔のような勢いを取り戻せるのか，といった点を沼上教授独自の視点で解説している。例えば，経営戦略上，先手必勝といわれることが多く，先行者有利であることを論じている本は多い。ただ，先行者優位が成り立つのは「ネットワーク外部性」が機能する商品・サービスであると指摘している。また，別の章では，日本企業が多角化する際に，シナジーが機能しなくなるのはなぜか，という点も「シナジー実現コスト」という視点から説明がなされており，素晴らしい解説だと筆者は感じた。

3　楠木建（2012）『ストーリーとしての競争戦略』東洋経済新報社

　一橋大学大学院経営管理研究科国際企業戦略専攻の楠木建教授の著書である。先の沼上教授の本と比較すると，よりくだけた表現や事例が多くなっていて，スラスラ読んで小説のように競争戦略論を学びたいという方に向いている本である。こちらも，競争戦略の理論の丁寧な説明がなされており，さらに，日本企業の事例を用いて，どうして企業の優位性が作られているのか，といった実践的な点まで踏み込んだ内容になっている。

　競争戦略の理論の説明では，元ヤンキース（元巨人軍）の松井秀喜選手の事例を用いているが，この事例がわかりやすく，誰もが納得できるわかりやすさである。この松井選手の事例を用いた説明は，本書の第6章で引用して紹介しているので，そちらをご覧いただきたい。本書の第6章の松井選手の事例を読むと，同書の良さをご理解いただけると思う。

　企業がなぜ優位性を築いて維持できているのかを説明する際にも，スター

バックスコーヒー，ホットペッパー，アスクルなど多くの方が身近に接している企業の事例を用いた説明になっていて，こちらも思わず納得の内容である。スターバックスコーヒーがこんなに日本で支持されている背景には，こういったスタバ側の戦略があるんだなぁ〜と興味を持ちながら読み進めることができる素晴らしい内容である。

4　根来龍之・浜屋敏編集／早稲田大学ビジネススクール根来研究室著（2016）『IoT 時代の競争分析フレームワーク』中央経済社

　早稲田大学大学院経営管理研究科の根来龍之教授と根来ゼミ生による著書である。筆者の友人も何人か執筆メンバーに入っている。同書は，IoT 時代の産業構造の変化に直面して，それにどう対応すべきか悩んでいる方，逆に産業構造を変革しようとしている方に向けて書かれたものである。内容としては，IoT 時代の戦略分析の際のフレームワークとして，「レイヤー構造化（多層化）」を紹介している点が本書の新規性である。従来型の分析フレームワークとして用いられてきたものとして，マイケル・ポーターによる「バリューチェーン」がある。バリューチェーンは，以下の図のように，各職能が直線的な関係になっている。

従来のパソコンのバリューチェーン

　パソコン購入者は，メーカーが製造したパソコンに，既定のソフトウエアが組み込まれた状態で購入するのが普通であった。パソコン購入者が，CPU，メモリ，ハードディスクなどを自分の好みで選択することはできなかった。
　それがレイヤー構造化が進む現在においては，従来の直線的な関係は崩れ，

以下の図のように，レイヤー化（多層化）する。

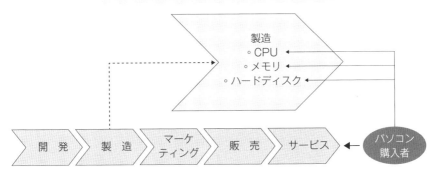

パソコンが消費者に届くまでのレイヤー構造化

消費者は従来選べなかったCPU，メモリ，ハードディスクを自由に選べるようになった。このようにレイヤーを消費者が自由に選べるのがレイヤー構造を持つ産業の特徴である。

このようなレイヤー構造化は，さまざまな業界で進行しており，コンピューター業界，インターネット広告ビジネス，モバイル通信ビジネス，ゲームビジネス，テレビ放送ビジネス，決済・POSレジビジネス，ATMビジネス，自動車業界，電力ビジネス，ブライダルビジネス，印刷業界などの業界を取り上げて，バリューチェーンからレイヤー構造化の実態を紹介している。各業界の産業構造の変化を，身をもって実感できる内容となっており，IoT時代の企業経営について学びたいという方には最適な書籍となっている。

5　東出浩教編著／早稲田大学校友会ベンチャー稲門会編（2018）『ガゼル企業の成長の法則―ビジョナリー採用と育成―』中央経済社

早稲田大学大学院経営管理研究科の東出浩教教授による著書である。「幸せを感じる職場環境とはどんな環境か？」「幸せを得られる働き方とはどんな働

き方なのか?」という素朴な問いへの回答が書かれた，ありそうでなかったビジネス書である。筆者から見ると，多くの日本のサラリーマンは幸せそうに見えない。同じ時間に同じようなスーツを着て会社に行き，同じ時間に帰宅する。会社にいる時間は，尊敬できない上司がいて，足の引っ張り合いをする同僚がいて，まわりの顔色をうかがいながら仕事をする。こんな毎日で幸せなのかという疑問が生じる。

　そんな自分の現状に不満を抱いているサラリーマンの方々の必読書である。同書を読んで，自分の人生を幸せに生きるためのヒントを得ていただきたいと思う。内容の一部を紹介すると，幸せを感じる職場環境の特徴を3つあげている。1つ目は，「お互いの信頼に支えられたコミュニティがあること」である。出世や自己保身のための表面的な信頼ではなく，人と人との絆をベースにした本当の意味での信頼がベースになったコミュニティがあるということである。2つ目は，「よい意味での個人主義が尊重される環境があること」である。1人の人間としての「個人」の価値を認めると同時に，人それぞれの考え方の違いや才能の違いを最大限に尊重し，その違いを伸ばしていくことを肯定する信念を持つ職場であることが必要なのである。3つ目は，「民主主義的な理念が共有されていること」である。読者の皆さんの職場は，これらの特徴を備えているだろうか。

　また，幸せを得られる働き方として，1つ目は，自分にとって「熱中できるチャレンジ」といえるような仕事に取り組み，時間を忘れてしまうような働き方ができていることだとしている。2つ目は，現在チャレンジしている仕事は，自分のみならず，自分を取り囲むコミュニティや社会など，より大きな何かにとって意味があると思えることだとしている。読者の皆さんは，このような働き方ができているだろうか。

　同書をお読みいただき，自身の人生における「幸せ」について考えていただき，現状に不満や疑問を感じるようならば，何らかの改善のためのアクションを起こしていただきたい。国内 MBA 受験に役立つことはもちろんだが，受験を超えて，自分の人生を考えることができる1冊である。

筆者の修了したゼミの教授の本だから推薦したという，日本社会にありがちな政治的な意図はまったくない。本当の意味で国内MBA受験生に読んでいただきたいと思い推薦した。

6　高橋伸夫（2004）『虚妄の成果主義』日経BP社

東京大学大学院経済学研究科の高橋伸夫教授の著書である。これまで紹介した本は，経営戦略論であったり，競争戦略論であったり，戦略系であったため，ここでは組織マネジメント系の本を紹介する。日本型年功制とはどんなもので，それが現場の実態や感覚からして，いかに洗練されていて素晴らしいものであるのかを説いた本である。その比較対象として，巷にはびこっている成果主義を取り上げ，金ばかりかかって，効果がないシステムだと指摘している。

日本企業で長年おこなわれている年功制はどうしてこんなにも長い間支持され継続しているのか，を知るには最高の本である。年功制こそ価値があるという主張を支える動機付け理論の解説も豊富に取り入れられていて，動機付け理論を学ぶ基本書としても活用できる。デシの内発的動機付け理論の説明は秀逸だと筆者は感じた。

日本型の終身雇用，年功序列を理解し，それに関連する動機付け理論を理解するにはもってこいの本である。高橋教授ならではのわかりやすい語り口と大胆な内容に，思わず引き込まれてしまうような迫力のある内容となっている。組織・人材マネジメントの初心者にはお勧めの本である。

7　二村敏子（2004）『現代ミクロ組織論』有斐閣ブックス

組織行動論の理論書である。動機付け理論，コミットメント，リーダーシップなど組織行動論の基礎理論をわかりやすく説明した良書である。筆者は専門が組織行動論であるため，組織行動論に関しては，かなり多くの書籍を読んで

いるが，この本が初心者には最もわかりやすく読みやすい本である。組織行動論は，動機付け理論，コミットメント，リーダーシップなど，経営戦略論と比較すると，面白みのある学問ではないが，地味な組織行動論を，興味を持って理解できるような語り口で書かれている。理論書であるので，ケーススタディのような臨場感はないが，先に紹介した『虚妄の成果主義』を読んで，実社会での組織行動論の必要性を理解した上で，本書を読むと，納得感がより高まると思われる。よって，『虚妄の成果主義』の次に読む書籍として位置付けていただきたい。組織行動論に関しては，同書を読んでおけば十分である。

8　青木幸弘・新倉貴士・佐々木壮太郎・松下光司 （2012）『消費者行動論』有斐閣

　国内 MBA で教授をしているのは中央大学大学院戦略経営研究科の松下光司教授だけであるが，MBA 受験生や MBA 在学生が読むに値する良書である。消費者行動論の難しい理論を初心者でもスラスラ理解できるように解説されている。筆者が読んだ消費者行動論の中で，最も理解しやすい解説になっている本である。

　口コミサイト，SNS の登場で，一昔前とは消費者行動は大きく変化している。同書が出版されたのが2012年であるため，チャネルシフト戦略やオムニチャネルなどの最先端の事例は掲載されていないが，消費者の基本的な行動理論を理解する上では同書は有益である。消費者が「この商品を買う」という意思決定をすることを購買意思決定というが，この「買う」という意思決定をするまでには，どんなプロセスを経ているのかについて詳しい説明がなされているが，この説明の流れが秀逸である。購買意思決定プロセスは，「問題認識」→「情報探索」→「選択肢の評価」→「選択，購買」→「購買後の再評価」となっているが，各プロセスの詳細な解説にとどまらず，実際のマーケティングの現場で，その理論をどのように活用するのか，という点がコンタクト・ポイントの設計ということで説得力ある形で説明されている。国内 MBA を目指す方は，

現場での問題意識をもとにマーケティング戦略を考えるが，その際に同書で学んだ知識は非常に役立つことになると思われる。消費者行動論を学びたい方には必須の書籍である。

9　加護野忠男・砂川伸幸・吉村典久（2010）『コーポレート・ガバナンスの経営学』有斐閣

　神戸大学大学院経営学研究科の加護野忠男元教授の著書である。近年，日本でもコーポレート・ガバナンスについて語られる機会が多くなっている。背景には，2011年のオリンパス，2015年の東芝など，不正会計問題がいまだに相次いでいるからである。加えて，2015年に起きた大塚家具の後継者争い，2016年のセブン＆アイ・ホールディングス社長の後継者問題，さらには2019年の日産自動車の内紛によるカルロス・ゴーン氏の退任および西川廣人社長の不透明な報酬問題と退任など，企業統治不在を示すようなトラブルが頻発してきたからである。

　上記のような問題が起きるのはなぜか？　日本企業のコーポレート・ガバナンス上の問題は何か？　という点をわかりやすく説明している書籍である。その論点は，米国を中心とするアングロサクソン型のコーポレート・ガバナンス，日本を中心とするライン型のコーポレート・ガバナンスを比較して，どこが違うのか，という点を読者が理解しやすい形で提示している。特に，日本のコーポレート・ガバナンス上の問題点の指摘は，他の書籍と比較しても明快に書かれている。さらに，日本型のコーポレート・ガバナンスの特徴である「株式の持ち合い」の慣習がなぜ生まれたのか？　という歴史的な背景の説明には，思わず納得してしまう。日本の財閥が発端となって日本企業特有の株式の持ち合いが始まったという点は初心者の方には新たな視点をもたらしてくれるだろう。コーポレート・ガバナンスを理解するための必読書である。

10　入山章栄（2019）『世界標準の経営理論』ダイヤモンド社

　早稲田大学大学院経営管理研究科の入山章栄教授の著書である。800ページを超える辞書のような分厚い本である。これだけ厚いのには理由があり，ほぼすべての経営理論が網羅された理論書である。それもすべての分野において，最新の研究成果を踏まえて書かれているので，タイトルのとおり，世界標準の経営理論がこの1冊で網羅できるようになっている。さらに驚くべき点は，初心者でもわかりやすいような平易な文章で書かれているため，難しい経営理論がスラスラ頭に入ってくる。本章で紹介している本は，すべてスラスラ頭に入るわかりやすさを持ち合わせているが，同書はスラスラ頭に入るという点では飛びぬけている。本当にスラスラ頭に入ってくる。社会科学の研究は，欧米が先行しており，日本は遅れているといわれているため，欧米でしか紹介されていない経営理論は多くある。そういった日本で初めて紹介される経営理論も取り上げられていて，誰も知らなかった知識を得ることができるのも同書の特徴である。

　国内 MBA 受験では，研究計画書が必須だが，研究計画書の先行研究の調査をする際に，どんな文献を読むべきかに関して迷う人が多い。そういった方は，同書を読んでみるといいと思う。さまざまな経営理論を紹介しているので，同書から自分が興味のある研究分野を見つけ出すのもいい方法である。そういう意味では，国内 MBA 受験においては，小論文，研究計画書，どちらの対策にも有効な書籍である。

11　高根正昭（1979）『創造の方法学』講談社現代新書

　同書は研究の方法論に関する書籍である。研究計画書を作成する際の研究方法に関して理解を深めたいという場合に読むべき書籍である。出版年を見て驚

いた方もいると思われる。なんと1979年に出版された本である。にもかかわらず，いまだに読み続けられる本当のロングセラーである。歌謡曲でいうところの昭和時代の名曲というイメージである。筆者が早稲田大学ビジネススクールに在籍していたのは，2001年〜2003年であるが，当時も修士論文作成の際の研究方法論を学ぶ際にゼミで事前リーディング課題になっていたのが同書である。そして，筆者が2020年に筑波大学大学院ビジネス科学研究群を受験する方に研究方法論の入門書として推薦したのが同書であり，その受験生は筑波大学大学院ビジネス科学研究群に合格した。今でも同書の内容は国内 MBA 受験に通用するのである。

　これだけ長い間読み続けられる理由を筆者なりに考えると，研究方法論の解説のわかりやすさにある。定量的な研究というのは，独立変数と従属変数の関係を統計的な手法で分析する。こういわれてもわかりにくいと思うが，同書では独立変数とは何か？　従属変数とは何か？　多変量解析とは何か？　という点が，初心者にもスラスラ頭に入るような解説がされているのである。筆者が早稲田大学ビジネススクールに在籍していた当時は，研究の方法論などまったく知らなかったのだが，同書を読んで，基本的な点は理解できた。筆者は早稲田大学ビジネススクールを修了した後に統計解析を用いた論文を学会で発表したが，そこまでの論文を書き上げることができたのは，同書で学んだ知識が大きく役立っているといえる。多変量解析をソフトウエアを使うのではなく，非常にアナログなやり方でおこなっている点は時代を感じてしまうが，ソフトでやるかアナログでやるかは，手法の問題であり，本質は変わっていない。そういう意味で，研究の方法論の本質を学ぶことができる書籍である。筑波大学大学院ビジネス科学研究群，一橋大学大学院経営管理研究科（金融戦略・経営財務プログラム）などのリサーチ系 MBA を目指す方には必読書である。

12 西條剛央（2007）『ライブ講義・質的研究とは何か』新曜社

　研究方法には，量的アプローチと質的アプローチの2つがあることは，第7章で説明した。先に紹介した『創造の方法学』は，どちらかというと量的アプローチの解説に紙幅が割かれている。質的アプローチに関しては，それほど詳しい解説はされていない。そこで，質的アプローチで研究をしようとお考えの方は，同書を読んで質的アプローチに関して方法論を学んでいただきたい。初心者でも理解しやすいように，ライブ講義形式で，先生と学生がやりとりする会話形式で書かれている。これなら質的アプローチ初心者でも問題なく理解できると思う。

　質的アプローチというのは，KJ法，グラウンデッド・セオリー・アプローチ，ナラティブ・アプローチ，フィールドワーク，エスノグラフィー，アクションリサーチ，ライフコース分析，状況論，解釈学的現象学等々多くの枠組みがあるが，どれを使うにしても，「基本中の基本」となるエッセンスを押さえておくだけで，格段に研究がしやすくなる。そのため，同書は，「基本中の基本」となるエッセンスを押さえられるように執筆されている。

　質的アプローチは，すべての研究に向いているわけではない。研究には，仮説検証型と仮説構築型の2つがあるが，仮説検証型の研究には，どちらかというと量的アプローチが向いている。仮説を検証するということは，仮説の一般化が目的である。一般化するには，広くデータを集めて統計的に分析する量的アプローチが向いている。一方，仮説構築型の研究は，グラウンデッド・セオリー・アプローチに代表される質的アプローチが向いている。仮説を作るということは，ゼロから自分で構築することを意味している。ということは，データを取得するための質問票を作ることはできないし，そもそもの話として，仮説を作るのに，質問票調査は考えられない。仮説構築の場合は，面接調査や参加観察などの方法でデータを取得することになる。どんな方法でどんなデータ

を取得し，どうやって分析するの？　という疑問に答えてくれるのが同書である。質的アプローチで研究をするかどうか迷っている方には，ぜひ同書をお読みいただきたい。

13　飯野一・片山良宏・尾形英之・釜池聡太（2011）『国内 MBA 受験 小論文対策講義』中央経済社

国内 MBA 受験の小論文に特化した日本で唯一の参考書である。刊行から10年が経過した現在でも増刷を続けるロングセラー書籍である。

著者の4名は全員が国内 MBA 修了者であり，国内 MBA 受験を経験している。その経験を活かして，どんな分野が国内 MBA 受験の小論文では狙われるのか？　どの分野は出題される可能性は低いのか？　を徹底的に分析した上で，執筆されている。取り上げられている分野は，「経営戦略」「マーケティング」「組織・人材」「情報通信技術（ICT）と経営」「論理的思考力」である。

アカデミックな知識が問われる京都大学経営管理大学院（一般選抜），東京都立大学の入試では，同書からの的中問題が多数出ている。国内 MBA の受験生にとって必読書である。

14　飯野一・佐々木信吾（2003）『国内 MBA 研究計画書の書き方—大学院別対策と合格実例集—』中央経済社

国内 MBA 受験ではどこの大学院でも課されている研究計画書にフォーカスした参考書である。刊行から18年が経過した現在でも売れ続けているロングセラー書籍である。

研究計画書とはどんな書類で，何が求められているのか？　研究テーマ設定のポイントは何か？　どんな点に注意して研究テーマを設定すればいいのか？　研究の方法論はどんなものがあるの？　どうやって研究方法は決めるの？　といった初心者なら誰もが抱く研究計画書に対する疑問に明確に答える内容に

なっている。特に，研究の方法論である量的アプローチと質的アプローチに関しては，筆者と筆者のゼミ仲間の修士論文の実例をもとに解説しているので，読者の皆さんが研究計画書を作成する際の研究方法論選択に役立つ内容になっている。「こういった場合には，量的アプローチが適していて，こういった場合には，質的アプローチが適しているんだ」という研究の方法論の選択において具体的な指針を与えている。

　また，大学院別に合格者の研究計画書の実例を多数取り上げているので，研究計画書が書けない，という受験生には，どのように書くべきか？　という道標を提供する本である。早稲田大学，慶應義塾大学，一橋大学，筑波大学，神戸大学などの人気校の研究計画書の実例が多数掲載されている。

　研究計画書の実例などは，執筆時から時間が経過してしまっているので，情報が古くなっている部分があるが，研究テーマ設定の仕方や研究方法論など普遍性を持つ内容の部分は，今の時代でもまったく問題なく通用する。

　すべての国内 MBA 受験生に長年にわたって読み続けられる受験生必読の書である。

第11章 国内 MBA を活かして「自由」に生きる

本書の最後に，国内 MBA を目指す方に筆者からのメッセージを送りたいと思う。皆さんの行動が社会を変え，社会を前進させ，社会を良くするのである。そんな行動的で社会に貢献できる人間になっていただきたいという想いを込めて執筆する。

1 「自由」に生きろ！

第1章で説明したが，パラダイムシフトが進行する現在，企業にも影響が多く出ている。その1つが，こちらも第1章で説明したが，終身雇用の崩壊，副業の解禁である。企業からの「自分の力で生きてください」というメッセージである。

そこで読者の皆さんに考えていただきたいことが，従来の常識に縛られていていいのだろうかということである。満員電車に乗って毎日同じ時間に全員が会社に行く，納得いかない仕事をやらされる，尊敬できない上司に従う，これをしていて自分の人生の時間を無駄に使っていると感じないかということである。コロナ禍でのテレワークによって，通勤する必要がなくなったり，成果を見られるようになると，今までの常識が本当に必要なのか考えさせられるのではないだろうか。

筆者が国内 MBA を修了して18年が経過し，仕事上の成果もそれなりに満足できるようになった今，過去を振り返ってみると，豊かな人生とは，自由を得ることだと思う。自由とは他者にコントロールされるのではなく，自分で自分をコントロールすることである。自分の時間を他者に強制されて使うのではなく，自分で決めて自分や社会のために使うのである。忖度することなく，政治

的な駆け引きをすることもなく，ありのままの自分で人生を生きることである。そんな自由に生きるために必要なこと，それは自分なりの創造性を発揮して，他者にはない何か新しいことを創造することである。新たな創造をした事例は数多く存在する。ユニクロのフリースやヒートテックなどの画期的な商品や，アップルのiPhoneなどの一連の製品，情緒的価値という点ではルイ・ヴィトンのバッグなども新たな創造物である。大企業ではなくても，YouTuberであったり，フリーランスの方でも独自の情報や商品を開発して自由に生きている方は多い。筆者のように国内MBA受験という狭い世界であるが，その世界で他にはない情報を発信することでもいい。どんな世界でもいいので，自分だけの創造物を提供することができるならば，それによって自由を得ることができる。そして，自由に生きるということは，積極的に社会に働きかけて，社会に貢献できる人間であるということである。従来型の常識に縛られてきた方は，本書を読んだことをきっかけに，「自分が生まれた意味」，「自分が生きる意味」を考えていただきたい。人生は二度とない。時間という資源は有限である。自分が生まれた意味を，従来の常識から自分を解き放って，国内MBAの2年間で考えていただきたい。そして，そこで出た答えを，自分が表現者となって社会に発信していただきたい。人生は自分を表現する時間なのである。

　では，自由を得るために最も重要な点である「創造的なものを生み出すにはどうしたらいいのか」という点を，次項で説明する。

2　創造的なものは，苦しみの中から生まれる

　創造的なものは苦しみの中から生まれてくるといわれている。筆者が早稲田大学ビジネススクールで受けた授業の中に，東出浩教教授の「アントレプレナーシップ」がある。その授業の中で教わった理論の1つに創造性の源泉がある。創造的なアイデアや作品というものは，以下の5つのプロセスを経て生まれるということである。

> 「preparation」→「searching」→「frustration」→「incubation」→「discovery」

　簡単に説明すると，最初に準備して，調査をする。調査をすると自分の頭の中で情報が錯綜して，「どうしたらいいのかわからない」といったフラストレーションが生まれる。このフラストレーションが溜まった後に，創造的なアイデアや作品は孵化し，最終的に発見という形で，創造的なものが生まれるという理論である。要するに，創造的なものが生まれるには，「苦しみ」が伴うのである。

　この創造的なものが生まれるプロセスを説明する最適な事例が音楽家のベートーベンである。筆者はクラシック音楽を聴くのが趣味であるが，クラシックの中で，好きな音楽家の1人がベートーベンである。ベートーベンは，20代後半頃音楽家としては致命的な難聴が進行し，聴覚を失うという死にも等しい絶望感から自殺も考えた時期があったという。しかし，彼自身の芸術（音楽）への強い情熱で，この苦悩を乗り越え，再び芸術の道へと進んでいった。そうした苦悩の中で書き上げた交響曲第9番や「ミサ・ソレムニス」といった大作，ピアノ・ソナタや弦楽四重奏曲等の作品群は彼のたどり着いた境地の高さを示すものである。あの名曲の数々は，このような苦しみ（フラストレーション）の中から生み出されたものであったのだ。

　もう1つ例をあげよう。また音楽の事例であるが，日本のロックバンドのX-Japan のリーダーである Yoshiki さんである。彼は小学校のときに父親を亡くした。突然の自殺で，命を絶った理由すら不明だったようである。病気で父を亡くすというなら，悲しいことだが，覚悟はできる。交通事故で亡くしたとしても，理由が理解できる。自殺で理由がわからないとなると，その悲しみや苦しみは計り知れない。そんな背景があって，生み出されているのが Yoshiki さんの楽曲である。その後，バンドで成功した後も，バンドメンバーのギタリストの Hide さん，ベーシストの Taiji さんの2人を亡くしている。さらなる苦しみや悲しみの中でも創作を続ける姿は，ベートーベンと重なる。そのため

11

国内MBAを活かして「自由」に生きる

189

か，日本人アーティストとして，全世界でヒットするという偉業を成し遂げている。

　以上，創造的のものは苦しみの中から生み出されることを説明してきたが，これは芸術家だけに当てはまる話ではない。国内 MBA 受験生である皆さんにも当てはまる。日々のビジネスの苦悩の中から革新的なビジネスアイデアは生まれてくるからである。国内 MBA に進学しようと考えている人は，何か仕事上の問題を感じるから進学するのだと思う。そういう意味では，他のビジネスマンよりも問題意識が高いため，ビジネス上で苦しんだりもがいたりする経験は多いと思う。その苦しみの機会こそが創造的なものを生み出す源泉なのである。無駄な経験ではない。その経験は将来必ず大きな創造物として花開くはずである。今の苦労，苦悩は貴重な経験だと考えて日々の仕事に取り組んでいただきたい。そして，その日々のビジネス上の問題点を国内 MBA での学びで解決していただきたい。

3　自己実現に向けて走り出せ！

　最後に，欲求5段階説で有名なマズローが提唱している自己実現者の特徴について説明して締めくくりとする。皆さんにも自己実現者になってほしいと願うからである。

　マズローが指摘した欲求5段階説では，人間の欲求は5つの階層になっていて，1つが満たされると，次の欲求へと移行するというものである。それは，「生理的欲求」「安全欲求」「社会的欲求」「承認欲求」「自己実現欲求」の5段階である。

　それぞれの欲求を簡単に説明する。生理的欲求とは，生命を維持するための本能的な欲求で，食事・睡眠・性などに対する欲求である。生理的欲求が満たされると，次に出現する欲求が，安全欲求である。安全欲求とは，経済的安定性，良い健康状態の維持，事故の防止，保障の強固さなど，予測可能で秩序立った状態を得ようとする欲求である。安全欲求が満たされると，次に社会的

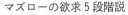

マズローの欲求 5 段階説

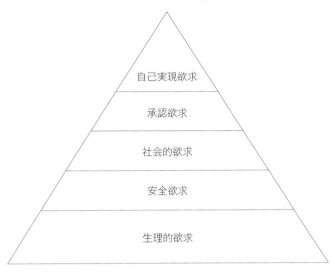

```
自己実現欲求
承認欲求
社会的欲求
安全欲求
生理的欲求
```

欲求が出現する。社会的欲求とは，人々との愛情に満ちた関係や所属する集団や家族を求める欲求である。これが満たされると，承認欲求が現れる。承認欲求とは，自分が集団から価値ある存在と認められ，尊重されることを求める欲求である。地位や名誉を求める欲求である。そして，最後が，自己実現欲求である。以上 4 つの欲求がすべて満たされたとしても，人は自分に適していることをしていない限り，すぐに新しい不満が生じて落ち着かなくなってくる。自己実現欲求とは，自分の持つ能力や可能性を最大限発揮し，自分がなりえるものになっていきたいという欲求である。

　最初の 4 つと自己実現欲求の違いは，「欠乏欲求」であるかどうかという点である。最初の 4 つの欲求は，自分に欠けているから欲しいという欲求である。自分には食べるものがないから食べるものが欲しいというのが生理的欲求，安定した仕事がないから仕事が欲しいという安全欲求，自分には家族がいないから家族が欲しいという社会的欲求，自分には地位や名誉がないから地位や名誉が欲しいという承認欲求，どれも自分に欠けているから欲しいという「欠乏欲

求」である。欠乏欲求は他者との関係で，他者から奪うこともある。例えば，貧困地域では，生きていくために食料の奪い合いが起きる。これが欠乏欲求である。しかし，自己実現欲求は，この欠乏欲求を超えているのである。もうすでに自分の欲しいものは手に入れた状態である。純粋な成長に動機付けられた状態なのである。よって自己実現欲求レベルに達した人は，もう満たされているから，他者との奪い合いは起きない。この自己実現欲求は，欠けているから欲しいというものではないため，仮に成長して成功したとしても弱められることはない。逆に強められる。人は自己実現すれば，ますますそれを求めて積極的になり，満足することがないという。マイクロソフト創業者のビル・ゲイツが慈善事業に力を入れる例に代表されるが，成功者は欠けているものがないので，純粋な成長欲求から，慈善事業をしているのである。

　マズローの欲求5段階説の説明は終わったので，本題である自己実現者の特徴について説明する。マズローは自己実現者の特徴を13点あげているが，ここでは筆者が皆さんに伝えたい5点に絞る。この5つの点に関しては，二村敏子（2004）『現代ミクロ組織論』（有斐閣ブックス）からの引用である。

　1つ目の特徴は，「単純さと自然さにあり，わざとらしさや効果を狙った無理をしない」という点である。忖度や政治的な駆け引きはしないのである。

　2つ目は，「他人から与えられる名誉，地位，人気，名声は，自己発展や内的成長に比べて重要ではない」という点である。単なる名誉や地位にはまったく興味がないのである。

　3つ目は，「階層，教育，人種，性別，皮膚の色に関係なく，ふさわしい性格の人とは誰とでも親しくできる」という点である。彼らは教わる何かを持つ人からは，たとえその他のことがどうであれ，誰からでも学ぶことができる。彼らは外面的な威厳，地位，年齢に伴う威信などを維持しようとしない。ある種の謙遜とも呼べる性質を持っているのである。

　4つ目は，「創造性を持っている」という点である。彼らの創造性は，天才の場合とは異なって，スポイルされていない子供の純真で普遍的な創造性と同じである。

5つ目は,「一般文化類型への適応に対する抵抗,特定の文化の超越」である。深い意味で一般文化類型に適応することに抵抗を示し,彼らがどっぷりと浸かっている文化からのある種の内面的な独立を保っているのである。

　以上,マズローの自己実現者の特徴を説明した。読者の皆さんには,上記のような特徴を備えた人間になっていただきたい。そんな願いを込めて掲載した。国内MBAに進学して,ぜひ,自己実現を果たしていただきたい。

　本書の最後に,アンソニー・ロビンズ(2006)の言葉を筆者なりにアレンジして,読者の皆さんに最後のメッセージを送る。

　本書は国内MBA受験の面接対策の本である。しかし,この本の中で筆者が皆さんに伝えたかったことは,「行動する人間になれ。主導権を握れ。行動しろ。身につけたことを活用しろ。今すぐに。自分のためだけでなく,人のためにも」ということである。

　そして,「自分の人生を『名作』と呼ばれる素晴らしいものにしてほしい。口先だけでなく,実践する人間になってほしい」ということである。そういう人が,世の中の度肝を抜くような成功を収められるのだ。皆さんには,自分の夢や希望を着実に実現していく数少ない人々の一員になっていただきたいと切に願っている。

　筆者は,持てる力を活かして素晴らしい成功を収めた人々の物語からたくさんの刺激を受けた。本書で説明したベートーベンやYoshikiさん,そして筆者が指導して国内MBAに進学し成功を収めた多くの受講生などからたくさんの刺激をもらった。筆者の経験から得た「国内MBAの物語」,つまり「本書」が読者の皆さんの刺激となったら幸いである。

　読者の皆さんの学ぶ姿勢と,成長と進歩を目指す意気込みは素晴らしい。筆者自身の人生に大きな変化をもたらした国内MBAでの経験を分かち合えたことをうれしく思う。成功を目指す探求の旅が実り多いものであると同時に,決して行き詰まることがないよう祈っている。

【参考文献】

アンソニー・ロビンズ（2006）『世界 No.1 のカリスマコーチが教える 一瞬で自分を変える法』三笠書房

飯野一・片山良宏・尾形英之・釜池聡太（2011）『国内 MBA 受験小論文対策講義』中央経済社

飯野一（2005）『国内 MBA 無敵の合格戦略』中央経済社

飯野一・佐々木信吾（2003）『国内 MBA 研究計画書の書き方―大学院別対策と合格実例集―』中央経済社

伊賀泰代（2012）『採用基準』ダイヤモンド社

入山章栄（2019）『世界標準の経営理論』ダイヤモンド社

エリック・シュミット，ジョナサン・ローゼンバーグ，アラン・イーグル（2017）『How Google Works　私たちの働き方とマネジメント』日経ビジネス人文庫

大石哲之（2009）『過去問で鍛える地頭力』東洋経済新報社

楠木建（2012）『ストーリーとしての競争戦略』東洋経済新報社

ジョン・ケイドー（2008）『ブレイン・ティーザー―ビジネス頭を創る100の難問―』ディスカヴァー

デービッド・アトキンソン（2019）『日本人の勝算』東洋経済新報社

福山敦士（2020）『新しい転職面接の教科書』大和書房

二村敏子（2004）『現代ミクロ組織論』有斐閣ブックス

マーク・コゼンティーノ（2008）『戦略コンサルティング・ファームの面接試験』ダイヤモンド社

三品和広・三品ゼミ（2013）『リ・インベンション』東洋経済新報社

森本三男（2006）『現代経営組織論』学文社

渡邉剛（2009）『新面接スーパー攻略』高橋書店

早稲田大学ビジネススクール修了
スマートメンテック株式会社 代表取締役

石川和憲さんに聞く

早稲田大学ビジネススクールの
受験から修了後の起業まで

▶国内 MBA 受験に至るまで

飯野：MBA を志望した動機は何ですか？

石川：ファミリービジネスに後継者として突如呼ばれましたが，それまで十数
年間サラリーマンとしての会社勤めで，経営に関する知識や人脈は皆無
でした。何もわからないまま家業を継ぎ，社長である父の経営スタイル
だけを真似したり教えてもらったりしてやっていくことに漠然とした不
安があり，経営の専門的な知識を体系的に学んだほうがいいと考えてい
たときに出会ったのが MBA でした。

飯野：MBA の中で，なぜ早稲田大学ビジネススクール（WBS）を選んだので
すか？

石川：ファミリービジネスに関する専門のゼミがあり，家業を継ぐ予定の自分
に必要な知識が得られ，ファミリービジネスの発展という目的に合う勉
強ができるのではと思ったからです。加えて，WBS は学生の人数が多
いので，いろいろなバックグラウンドを持った人と知り合える機会も多

195

そうで，刺激になって良い経験ができるかなと思ったからです。

▶WBS の受験対策

〈小論文〉

飯野：WBS は一次試験で小論文がありますが，どのような対策をしました
か？

石川：飯野先生の授業をこなすこととその復習しかしていませんでした。私は
理系なので，今まであまり小論文を書いたことがありませんでした。授
業では，冒頭に経営に関するテーマが提示され，それについて決められ
た時間内に小論文を完成させなければなりません。予習として小論文の
テーマに関係する課題文を読むのですが，課題文を読んでいても出題さ
れる問いがわからないので，最初は時間内に完成させることができませ
んでした。

　そこで授業対策として，課題文を読むだけではなく，何が問われるの
か，問いを想定して，前もって答案の作文をしていました。当然，実際
に出題された問いとずれるのですが，想定した文章から使えるところを
使ったり，組み替えたり，言い換えたりして完成させていました。そこ
から徐々に点数が良くなっていきました。授業対策をする中で文章を構
築する力が身についていったので，そういう意味では，飯野先生の授業
対策がそのまま小論文試験対策になったのだと思います。

〈研究計画書〉

飯野：研究計画書のテーマは何でしたか？

石川：ファミリービジネスの後継者が会社に入社してから，成長ステップの各
段階において社内外でどのようなコミュニケーションをとって皆にリー
ダーとして認められ，経営革新を可能とするかということをテーマとし
ました。

飯野：研究計画書の対策はどうしましたか？

石川：このテーマにたどり着くまでにかなり長い時間を要しました。当時は，ファミリービジネスに入社したばかりの時期で，経営に関する知識や経験もなく，何が問題なのかわからなかったのですが，少ない経験ながらも実際に感じている不安や苦労ベースにしたことと，ファミリービジネスに関する本を読んだことから，自分ごととしてファミリービジネスを考えたことで，やっとテーマが決まったという感じです。

　　飯野先生には提出締切の前日まで何度も添削してもらい，その結果，合格できるレベルの研究計画書に仕上がったのではと思います。

〈面接〉

飯野：WBS は面接が重要だといわれていますが，面接ではどのようなことを質問されましたか？

石川：志望動機や経歴，自己 PR などを個別に聞かれると思っていたのですが，それらを 3 分くらいでまとめて話してくださいと冒頭に言われて少し焦りました。ただ，もともと考えていたことを組み合わせるだけなので対応はできました。

　　面接では 3 人の先生が並び，中央は志望するゼミの先生で，中心となって質問をされました。想定外とまではいえませんが，圧迫面接的なところはありました。遠方から本当に通学できるのかとか，ファミリービジネスに入社して忙しいときに仕事と学業を両立できるのか，といった質問です。あまりネガティブな回答をせず，前向きな姿勢を伝えることを意識して対応しました。

飯野：面接の対策はどうしましたか？

石川：飯野先生からいただいた面接の問答集や先輩方の事例集を読んで，想定できる範囲で自分なりに答えを用意しました。

▶WBS 入学後の学生生活

飯野：WBS での 1 年目の様子を教えてください。まずは，1 週間のスケ

ジュールはどのような感じでしたか？

石川：私は遠方（栃木県）から2時間ほどかけて通っていたことと，会社では納期がある業務をおこなっていたこともあり，平日2回19時〜22時，加えて，土曜日の朝からゼミと夕方から夜まで授業というペースでした。本当はもっとたくさん授業を受けたかったのですが，通学時間などを考えると手一杯でした。急いで最終の新幹線で帰ったり，アパートを近くに借りていたので，遅くなる日はそこに泊まって朝帰ったりしていました。

飯野：最も印象に残った授業は何ですか？

石川：チームでビジネスプランを作って学内でコンテストを行う，スタートアップファクトリーという授業です。先生が投資会社のプロフェッショナルであったこともあり，実践的なビジネスプラン作成方法を体感できました。チームで何度もディスカッションをする必要があったり，プレゼン資料を作ったり，期限もあるため負荷は相当に大きかったです。

　私たちのチームは，居酒屋やカラオケ店などで個室として空いている時間や，駅ナカにあるワークスペースなどの利用可能な時間をアプリなどでつなげて，いつでも誰でも使えるようにするというビジネスプランを考えました。私はチームのリーダーをやらせてもらい，その過程で自分の中でのリーダー像というものが出来てきました。自身の起業につながった授業でした。

飯野：授業以外で何か印象に残るイベントはありましたか？

石川：ゼミのスタディーツアーでインドやイギリスに行ったことです。観光旅行では触れ合えない現地のファミリービジネスや有名なベンチャー起業家の話を聞けて良い経験になりました。

飯野：それでは，WBSでの2年目の様子を教えてください。1週間のスケ

ジュールはどのような感じでしたか？

石川：前期は1年目と同じようなスケジュールでした。秋からは論文作成のため，週1のゼミでの論文指導と，取り残していた必修科目を週に1コマくらいでした。自宅で論文作成に取り組むことが多かったです。

飯野：修士論文について教えてください。

石川：振り返ると，研究計画書と概ね似たようなテーマでした。具体的には，ファミリービジネスの後継者はアントレプレナーとしてどのように経営革新のプロセスをおこなっていくべきなのか，またジェイ・B.バーニーの経営資源論の観点から，そのプロセスに対してどのような経営資源が大きな影響を及ぼすのかを研究テーマとしました。

　定性的な論文だったので，後継者の方々へのインタビューをおこないました。ファミリービジネスの既存の経営資源の認識の重要性と，後継者が不足する新たな経営資源をどのように手に入れているのかがわかり，自身の経営革新プロセスを構築するベースとなり，ベンチャーの起業につながりました。

▶MBA修了後，現在の仕事

飯野：MBA修了後の現在の仕事について教えてください。

石川：WBSを卒業してから，WBSの仲間とともにスマートメンテック株式会社というベンチャーを起業しました。

　もともと建設業界に十数年間携わってきた中で，ある問題意識を持っていました。労働集約的で人の手や人の感覚に依存している点，就労環境のキツさや汚さ，危険な点，それによって若い人たちが業界に魅力を感じず，新たな人材が入ってきづらい点です。これら建設業界における問題をテクノロジーの力によって解決することが自身が経営するベンチャーのテーマです。

　私のファミリービジネスは，建設業界の中でも主に橋，道路，鉄道な

ど，公共インフラの設計や測量などをおこなう事業が主体です。その既
存事業を通じて，私が今特に問題意識を持っているのが，増え続ける老
朽化した橋や道路などのインフラ管理です。高度成長期に造られた膨大
な数のインフラが劣化し，危険な状態になってきています。供用されて
いる道路交通の問題や，当時と異なる財政不足などから，もう一度造り
直すことは難しく，国としても，点検の頻度を上げて小まめに直してい
くという方針に変わってきています。一度造られたインフラは，利用者
が減っても利用者がいる限りは，安全上管理しなければいけませんし，
老朽化インフラは増える一方で減ることはありません。税収による管理
コストも増大し続けます。そして人口減少による管理する技術者不足も
相まってインフラ管理が崩壊する危機も考えられます。

　昔からおこなわれている従来のインフラ点検方法を見直し，これから
の時代に合うインフラ管理に変える時期にあります。ベンチャーのほう
ではその問題解決のため，人の労働に大きく依存しないテクノロジーの
力による新しい点検方法を確立することを目指しています。具体的には，
ドローンや３Ｄレーザー，赤外線カメラ，ＡＩ解析などを用いて，効率
的でより詳しく，後からの検証が可能なインフラ管理手法の確立を目指
しています。

飯野：なぜファミリービジネスの新規事業ではなく，ベンチャーを起業したの
　　　ですか？
石川：理由は２つあります。１つは，ベンチャーはリスクが取りやすく機動性
　　　が高いからです。ファミリービジネスだと信頼を守ることが重視され，
　　　大胆な行動や変化に対応しづらい面があります。大胆な挑戦がしやすい
　　　環境を作りました。ビジネスプランコンテストにもエントリーするなど
　　　ＰＲの手法も違います。逆に，ファミリービジネスでは技術力向上を追
　　　求し，現顧客からの信頼をより高めていくことが重要と考えています。
　　　　もう１つは，既存組織にはないさまざまな資源を集めるためです。人

材や技術など既存企業にはない新しい資源がたくさん必要となります。人材やネットワーク，技術など，たくさんの新しい資源を既存のファミリービジネスに持ってくると，融合しづらく軋轢（あつれき）が生じると思われます。新しい組織の中で新しいことをやるほうが，実行しやすく，結果を出すことで既存事業のほうからの信頼も増すと考えています。

　　また，新しい技術によるサービスは，既存事業の顧客である公共インフラ管理者だけではなく，民間や同業他社等の新しい顧客層に向けるものになっていくと思うので，その際はベンチャーのほうが新しいサービスを提供しやすいとも思います。

　　ただし，両社はまったく独立したものではなく，内部では人材や資産を相互に有効的に活用するなど，融合したり分離したりしながら，ファミリービジネスの安定性とベンチャーの機敏性といったお互いの強みを活かしていきたいと考えています。

飯野：現在の仕事において，MBA での学びが役立っている点は何ですか？

石川：授業で知識を得たというのはもちろんですが，いちばんは起業家マインドが醸成されたことです。入学前までは自分が新しい会社をつくるといった発想はありませんでした。いろいろな経営者の話を聞いたり，経営を学んだりするうちに，経営やスタートアップ，リーダーシップの面白さを実感しました。学んだことはほんの一端に過ぎないので，実践で苦しみ考えながら，自身と企業，ファミリービジネスを成長させていきたいです。また，WBS でのネットワークなどから相談できる人ができたことが良かったと思います。

エピローグ

本書をお読みいただいた皆さんへ

　筆者が国内 MBA 受験生に伝えたいことを，本書ではすべて書いた。本書を読んでいただき感謝の気持ちでいっぱいである。また，読者の皆さんの国内 MBA 合格と活躍を心から祈っている。

　最後に本書の執筆への想いを書き記して終わりとしたい。

　前著『国内 MBA 受験 小論文対策講義』の出版から10年が経過した。この10年を振り返ると，筆者にとっては大きな変化があった。2003年に創業した国内 MBA 受験予備校のウインドミル・エデュケイションズ株式会社を売却して，現在は，アガルートアカデミーの国内 MBA 受験の講師として業務を行っている。MBA で学んだ知識を活かして，EXIT したのである。

　創業から売却まで経験した筆者の国内 MBA 人生は非常に充実したものである。売却後のアガルートアカデミーの業務にも慣れてきたため，今までお世話になった国内 MBA 関係の方々に恩返しをしたいと思っている。その恩返しの最初の相手が中央経済社である。筆者が創業したウインドミル・エデュケイションズ株式会社が走り出すきっかけとなったのは，『国内 MBA 研究計画書の書き方―大学院別対策と合格実例集―』の出版があったからである。出版機会を与えてくれた中央経済社，そして取締役の杉原茂樹さん，いつも編集を担当してくれている飯田宣彦さんに恩返しをしたいと思い本書の執筆を決意した。

　もう1つの恩返し先は，ウインドミル・エデュケイションズ株式会社の受講生である。ウインドミルから国内 MBA に進学した皆さんのおかげで今の筆者は存在している。そんな皆さんへの恩返しは，本書出版による国内 MBA の地位向上を図ることである。欧米の MBA にも負けない国内 MBA を築いていき

たいと考えている。その1つのきっかけになることを目指して，本書の執筆を決意した。

　また，巻末のインタビューに協力してくれた石川和憲さんには，この場を借りてお礼をしたいと思う。石川さんは，ウインドミル・エデュケイションズ株式会社から早稲田大学ビジネススクールに進学したが，ウインドミルの受講生の中でも指折りの起業家精神に溢れる方である。そんな石川さんの考えや哲学などを，読者の皆さんにお伝えしたいと思い，忙しい中，インタビューに協力していただいた。石川さんの創業したスマートメンテック株式会社が社会に大きな価値を創造できる日を楽しみにしている。

　本書は，コロナ禍により毎日自宅でリモートで仕事をするという状況下での執筆となった。ただ，このコロナ禍で，より心地よく創造的な仕事をする環境を低価格で入手できることをテレビのワイドショー番組で知った。それがコロナ禍の影響で宿泊者が激減している旅館やホテルが実施している低価格の連泊プランである。
　本書の構想は，伊豆のオーシャンビューの旅館に泊まり込んで練った。執筆も，コロナ禍での特別ステイプランが都内のホテルで提供されていたので，ホテルに泊まり込んで執筆した。ホテルからの夜景が美しく心安らかな環境で執筆ができ，また，全身アロマのエステを受けリラックスしながら頭を休めることもできた。こんな創造的な環境で生み出された本書を皆さんが活用して，合格することを願っている。

　本書は内容にこだわるのは当然のこととして，表紙にも掲載しているが，著者紹介の写真にこだわった。誰が見ても，MBA系の書籍を書く人だとは思えない写真を撮ろうと決めていた。どう見てもアーティストである。それもロック系アーティストである。実際に，筆者の写真を見た国内MBAの受験生は，どう感じただろうか？　何かの機会に読者の皆さんとお会いすることがあれば，

ぜひ，お話を聞かせていただきたい。こんな人間でも，国内 MBA には合格できるし，修了後は社会で活躍して，多くの仕事の依頼が来て，社会に貢献できるのである。皆さんなら，より大きな活躍や貢献ができるはずである。ぜひ，国内 MBA に進学していただきたい。

　最後に，本書を読んで，筆者の受験指導を受けたい，筆者の講義を受けたい，と思われた方は，アガルートアカデミーの国内 MBA 受験講座でお待ちしている。アガルートアカデミーの講座は動画配信であるため，いつでもどこでも受講できるようになっている。講座も本書と同じで，内容が充実していて，講座を受けていて楽しいという点は当然のこととして，ファッションやヘアメイクにこだわっている。絶対に MBA の先生とは思えないアーティスティックな装いで講義をしている。そんな講義を受けてみたい方は，ぜひアガルートアカデミーの講座を受けていただきたい。

　皆さんにお会いできる日を楽しみにしている！

2021年 9 月

　　　　　　　　　　　　　　　　　　　　　　　飯野　一

【著者紹介】

飯野　　一　HAJIME IINO

1967年3月2日生まれ，山梨県出身。血液型A型。身長180cm。早稲田大学大学院アジア太平洋研究科（現経営管理研究科：MBA）修了。起業家，国内MBA受験カリスマ講師。アガルートアカデミー講師。国内MBA受験指導のかたわら，美容室，不動産運用の会社の役員，ブライダル事業の代表を務める。

［著書・共著書］
• 『国内MBA受験　小論文対策講義』（2011年，中央経済社）
• 『修了生が本音で語る国内MBAスクール白書』（2010年，中央経済社）
• 『行銷入門』（2008年，世茂出版有限公司）（台湾での出版）
• 『ウインドミル飯野の国内MBA無敵の合格戦略』（2005年，中央経済社）
• 『はじめての人のマーケティング入門―仕事にすぐ使える8つの理論―』（2004年，かんき出版）
• 『国内MBA研究計画書の書き方―大学院別対策と合格実例集―』（2003年，中央経済社）
• 『国内MBAスクールガイド』（2001年，東洋経済新報社）

［学術論文］
• 飯野一・束出浩教（2004）『上司の動機付け言語が部下の仕事満足，仕事の成果に及ぼす効果』Japan Ventures Review No. 5

国内MBA受験の面接対策

大学院のタイプ別FAQ

2021年11月15日　第1版第1刷発行

著　者　飯　野　　　一
発行者　山　本　　　継
発行所　㈱中　央　経　済　社
発売元　㈱中央経済グループ
　　　　パブリッシング

〒101-0051　東京都千代田区神田神保町1-31-2
電話　03（3293）3371（編集代表）
　　　03（3293）3381（営業代表）
https://www.chuokeizai.co.jp
印刷／東光整版印刷㈱
製本／侑井上製本所

©2021
Printed in Japan